Le Quartier de La Défense

POUR LES NULS

Le Quartier de La Défense

POUR LES NULS

Jean-Pierre Courtiau

FIRST
Editions

« Pour les Nuls » est une marque déposée de Wiley Publishing, Inc.
« For Dummies » est une marque déposée de Wiley Publishing, Inc.

60, rue Mazarine
75006 Paris – France
Tél. 01 45 49 60 00
Fax 01 45 49 60 01
Courriel : firstinfo@efirst.com
Internet : www.editionsfirst.fr

ISBN : 978-2-7540-2389-4
Dépôt légal : juin 2011
Imprimé en France

Ouvrage dirigé par Benjamin Arranger
Secrétariat d'édition : Capucine Panissal
Correction : Ségolène Estrangin
Index : Emmanuelle Mary
Dessins humoristiques : Marc Chalvin
Filaires : Pixium/EPADESA
Axionométrie : Luc Guinguet
Couverture et mise en page : ReskatoЯ
Fabrication : Antoine Paolucci
Production : Emmanuelle Clément

À propos de l'auteur

Jean-Pierre Courtiau est géographe et urbaniste de formation. Responsable de la mission de formation continue des architectes au ministère de la Culture et de la Communication, il enseigne aussi à la Sorbonne.

Il est également auteur de plusieurs ouvrages : *Paris. Cent ans de fantasmes architecturaux et de projets fous* (Éditions First, 1990), *La Grande Arche* (Éditions du Demi-Cercle, 1994), *Paris. Architectures visionnaires, architectures de la création* (Éditions PC, 2010).

Dédicace

Je dédie ce livre à Florence, dont le soutien quotidien et les conseils pertinents furent très précieux tout au long de l'élaboration de cet ouvrage.

Remerciements

Je remercie Philippe Chaix, directeur général de l'EPADESA, à l'origine de ce projet.

J'adresse mes remerciements à ma famille et à mes amis proches pour leur appui, également à Juliette Legros, pour sa disponibilité, sa compétence et sa sereine gentillesse.

Mes remerciements vont aussi à Hervé Bonnat, Raphaël Catonnet, Camille Chammas, Brigitte Chuquet, Jean-Yves Durance, Denis Lambert, Didier Lourdin, Agathe Lang, Rémi Masson, Michel Moritz, Jean-Pierre Porcher, Pierre Sertour, Damien Vallot, Christophe Venien.

Je remercie également pour son aide la direction de la communication et de la documentation de l'EPADESA, et en particulier Dominique Boré, Amélie Eugène, Constantin Nicolaï, Julia Bontempi, Karole Alleaume, Laure Gosselin et Mélanie Pinjon.

Sommaire

Introduction

La question de La Défense s'impose. C'est le premier pôle d'envergure internationale du Grand Paris, le premier quartier d'affaires d'Europe. Avec ses 2500 entreprises, ses 1500 sièges sociaux, ses 170000 salariés, ses 230000 m^2 de surface commerciale, effectivement, La Défense fait autorité. Les plus grandes entreprises françaises s'y sont implantées. C'est aussi la tête de pont économique des quartiers d'affaires du centre et de l'ouest de Paris et du département des Hauts-de-Seine.

La Défense s'impose évidemment par sa silhouette.
De n'importe quel point haut de Paris et de sa couronne, les hautes tours dégagent leurs profils rassemblés. L'émergence forte de gratte-ciel dans le ciel de Paris étonne, voire laisse muet, le visiteur des derniers étages de Beaubourg, le promeneur de Montmartre ou le touriste du 56e étage de la tour Montparnasse. C'est à la fois la compacité, la densité, l'épaisseur contenues dans un étroit territoire, exactement dans le prolongement de l'axe historique, et faisant contraste avec l'environnement immédiat, relativement bas, qui fascinent.

À deux pas des Champs-Élysées, cette architecture, exceptionnelle à Paris, tutoie le ciel, flirte avec les nuages, essaie d'apprivoiser le vent. La proximité, le voisinage des œuvres de l'homme et des éléments naturels frappent immédiatement l'usager. Ce site si particulier, cet urbanisme de dalle, offrant en son centre 31 ha d'espaces et de cheminements réservés aux piétons, surprend.

Et puis, c'est un quartier par essence dynamique, en mouvement. Son développement a traversé la fenêtre ouverte de la Grande Arche pour atteindre la Seine. Les projets de tours sont nombreux et la *skyline* du quartier qui sera perçue en 2020 n'aura rien à voir avec la silhouette d'aujourd'hui. Résolument, La Défense Seine Arche s'inscrit dans la stratégie de développement du Grand Paris, et la construction d'un réseau de transports innovant lui offrira l'Europe à portée de TGV.

À propos de ce livre

Cet ouvrage a l'ambition de mieux faire connaître un quartier urbain important et particulier.

À quelques minutes des Champs-Élysées, le quartier d'affaires de La Défense constitue un événement urbain et architectural majeur de l'Île-de-France, et ses impacts économiques, commerciaux, immobiliers, sociologiques et paysagers sont considérables.

L'accent sera mis sur l'édification permanente du quartier. Au fil du temps, la constance des décisions politiques, la confiance des investisseurs ont justifié l'audace des bâtisseurs de la première heure en l'édification d'une ville sans voitures sur 160 ha, tout en préservant une esplanade impressionnante bordée de tours de grande et de très grande hauteur.

À l'origine, la volonté royale donne naissance à l'une des plus belles perspectives du monde. Quelques siècles plus tard, elle aboutira à la colline de Chantecoq, après le pont de Neuilly. La voie d'abord royale, puis impériale et républicaine se transforme ensuite en axe de développement et d'urbanisation.

Après vous avoir fait partager ce voyage à travers les temps lointains et récents, nous vous montrerons la singularité de cet urbanisme de dalle et de haute verticalité.

Vous pourrez vous rendre compte ensuite que la fabrication et la gestion d'un espace de ce type, aussi complexe et divers, ne sont pas une affaire simple, surtout quand il est étroitement lié à la conjoncture économique et immobilière de la région et du pays. Les changements d'échelle dans les prises de décision sont inéluctables pour que la ville devienne à la fois un très important centre d'affaires et un quartier animé d'une vie permanente.

Notre propos, ne prétendant pas être une thèse académique, n'est pas exhaustif, mais si cet ouvrage vous donne l'envie d'en savoir plus, d'y aller, de découvrir La Défense, d'en parler, de critiquer ou d'être fasciné, notre pari sera déjà gagné.

Les conventions utilisées dans ce livre

Dans la mesure du possible, ce livre se veut facile à comprendre. Chaque fois qu'il est question d'un organisme pour la première fois et que, dans le langage courant, il est désigné par un sigle (par exemple, l'EPAD), son nom complet est indiqué entre parenthèses à la première occurrence ; par la suite, il est la plupart du temps écrit en utilisant simplement l'abréviation usuelle.

Comment ce livre est organisé

La première partie, comme une grande introduction générale, offre un certain nombre de clés pour comprendre le fonctionnement et l'inscription de La Défense dans le temps et l'espace. La deuxième partie détaille les rapides croissance et évolution du quartier. Quatre-vingts ans, c'est peu, à l'aune de la croissance urbaine, pour devenir très grand et très fort.

Les troisième et quatrième parties constituent le cœur de l'ouvrage : quels moyens et quels outils de fabrication et de gestion ont été à l'origine et comment ont-ils servi l'évolution de la dalle et des gratte-ciel ? La cinquième partie concerne plus particulièrement les activités, les usages et la vie de La Défense.

Cette découverte est présentée en six parties – la sixième partie étant la traditionnelle « partie des Dix » – et les annexes.

Première partie : Pourquoi s'intéresser à La Défense ?

Écrire, c'est un peu figer, arrêter. Il n'est pas question ici de faire œuvre d'historien. La Défense est un terrain d'innovation unique et permanent. Bien sûr, elle est la poursuite « naturelle » de la grande perspective depuis le Louvre, la concrétisation non achevée d'un passé prestigieux, mais c'est aussi, et peut-être surtout, la traduction d'un urbanisme volontariste d'une grande ampleur.

En quatre-vingts ans, le quartier a surmonté des crises immobilières, a balayé bien des obstacles, a remis en cause les principes originels de son fonctionnement grâce à la volonté et à la détermination des décideurs politiques au plus haut niveau et au courage des directeurs généraux de l'EPAD. C'est au prix de l'affirmation d'un courage sans cesse réaffirmé que La Défense a pu échapper à l'obsolescence, à la répétition, à la remise en cause du parti d'origine.

C'est pourquoi, écrire « sur » ou « à propos », c'est traduire le mieux possible l'épaisseur que l'on a pu donner à un lieu, à l'origine rejeté, c'est analyser le mieux possible la protection du génie du lieu à travers ses transformations, ses mutations essentielles et nécessaires à son ancrage dans l'avenir.

S'il existe un quartier, un morceau de ville, un urbanisme qui sont « au monde », dont les liens sont consubstantiels au fonctionnement de la planète tout entière, c'est bien La Défense. Une preuve récente en est donnée par l'engagement durable pour le respect et la promotion de la qualité environnementale.

Deuxième partie : La Défense en 80 ans

Autant l'axe historique eut une genèse lente à travers le paysage parisien, autant le quartier de La Défense connut un développement et une croissance rapides. Quelques événements et constructions ont joué dans cette histoire courte le rôle de catalyseurs : le CNIT et la Grande Arche, principalement.

Troisième partie : De la dalle et des grandes hauteurs

Les trois chapitres présentent les spécificités qui constituent toute la particularité de La Défense : la grande dalle, séparant les véhicules et les piétons, dégagée de constructions en son centre, du pont de Neuilly à la Grande Arche; les grands et très grands immeubles qui enserrent, bordent cette esplanade ; puis la présence originale d'un musée de sculptures en plein air d'une belle esthétique.

Quatrième partie : De la gestion et du changement d'échelle

Pour construire, édifier un site d'une telle ampleur, les instruments de la gouvernance et du pouvoir ont été le produit de l'affirmation d'une très forte volonté politique. Puis, pour en assurer le développement et en même temps en asseoir la continuité, les structures, les outils, les leviers de la fabrication et de la gestion ont dû sans cesse évoluer, s'adapter, dans la mesure où le site d'origine prenait lui-même plus d'espace au-delà de la Grande Arche.

Ainsi, d'une part, le site a changé d'échelle, impliquant une adaptation des structures à un périmètre plus large et mieux partagé avec les collectivités territoriales, passant de l'EPAD d'origine à l'EPAD pour La Défense, à l'EPASA pour Seine Arche à Nanterre, puis en 2010 à la réunion des deux dans l'EPADESA, et, d'autre part, il a nécessité une clarification des missions et des rôles entre aménagement et gestion, par la création de l'EPGD, devenu Defacto, en charge de cette dernière.

Étant donné les dimensions et les enjeux portés par le quartier, ainsi que sa relative dépendance du contexte et de la conjoncture économique locale et globale, cette évolution étonnante a connu des crises, des bouleversements, des ajustements permanents et un plan de renouveau. Toutefois, les principes fondamentaux qui ont été à l'origine de toute la singularité de La Défense ont été, malgré tout, préservés.

Cinquième partie : Un centre de vie et d'activités

La politique menée dès l'origine, sa constance, l'usage de méthodes et de démarches de gouvernance pertinentes ont conféré à La Défense une place exceptionnelle de premier quartier d'affaires européen et de premier pôle d'envergure internationale du Grand Paris.

Ce centre d'affaires développe et crée des surfaces nouvelles de projets ainsi qu'une offre actualisée à destination des entreprises et de leurs salariés. En outre, la diversité des logements étant une condition essentielle de la réussite urbaine de La Défense Seine Arche, l'enjeu réside dans l'expansion d'une offre résidentielle satisfaisant les différents types d'usagers.

Évidemment, le quartier, pour devenir de plus en plus attractif et créatif, doit développer son potentiel de services, de commerces, de transports et ce avec l'objectif permanent d'un engagement pour la promotion de la qualité environnementale.

Sixième partie : La partie des Dix

Cette traditionnelle partie, commune à tous les ouvrages de la collection, présente les hommes qui ont compté, des événements importants ou légers, des chefs-d'œuvre imposants ou beaucoup plus modestes qui font ou qui ont fait la singularité et la notoriété de La Défense.

Septième partie : Annexes

Cette partie comprend un plan, une bibliographie sélective d'ouvrages généraux et d'autres traitant de sujets précis.

Les icônes utilisées dans ce livre

Cette icône indique une citation remarquable (qu'elle soit extraite d'un livre ou d'un discours).

Cette icône signale des points particuliers, souvent méconnus, qui apportent un éclairage intéressant.

Cette icône signale une information d'importance ou un point qu'il est utile de mémoriser.

Cette icône attire votre attention sur des chiffres notables.

Et maintenant, par où commencer ?

La première partie est sans doute la partie de la découverte, de l'invitation à La Défense. Et, à la suite, tout se déroule naturellement comme dans un roman. Au chapitre concernant la genèse succède la partie plutôt géographique et concernant l'architecture. Puis, les ressorts de la fabrication et de la gestion sont développés, avant d'aborder La Défense dans ses activités actuelles.

Première partie

Pourquoi s'intéresser à La Défense ?

Dans cette partie…

La Défense est un terrain d'innovations permanentes. En quatre-vingts ans, le quartier a surmonté des crises conjoncturelles et a échappé à l'obsolescence et à la remise en cause du parti d'origine.

Chapitre 1

Une histoire courte mais dense

Dans ce chapitre :

- L'histoire du site avant La Défense
- Le prolongement de l'axe historique
- Le projet urbain
- Les grandes étapes en quelques dates

La Défense, c'est un territoire, avec son site et son histoire, voire sa préhistoire, ses traces et ses tracés dans les boucles de la Seine et dans l'axe historique, dans ses vestiges et ses buttes témoins, entre la dernière zone de défense contre les Prussiens en 1870 et le mont Valérien de la Résistance.

La préhistoire de la cité des affaires

La présence de mégalithes et de la patronne de Paris a marqué la géographie et l'histoire de ce site.

Avant l'histoire

« La Défense est une île, a-t-on dit, comme on le dit de l'Île-de-France, demeurée dans le massif tertiaire, à travers les millénaires, un tout cohérent et isolé », écrivait Paul Jousset, en 1913, dans *La France, géographie illustrée.* Cette « île » est bordée de part et d'autre par la Seine, fleuve puissant et civilisateur qui, poursuit Jousset, « enveloppe le bois de Boulogne, effleure Suresnes, Puteaux, Courbevoie, Asnières, attachés à la rive gauche, Neuilly, Levallois sur la rive droite ». Puis, faisant un nouveau détour, la Seine baigne Gennevilliers, avant de visiter Argenteuil et de prendre une direction nouvelle, vers les paysages des impressionnistes, Chatou, Bougival, et « d'enchâsser d'un flot large et profond l'émeraude de la forêt de Saint-Germain ».

Il y a près de trois mille ans, dès la fin du néolithique, l'homme de Neandertal habitait déjà sur le site, sur le bord du fleuve, comme en témoigne le gisement de pierres taillées classé par les archéologues sous le nom de « Levalloisien ».

À un jet de pierre de l'EPADESA (Établissement public d'aménagement de La Défense Seine Arche), le service départemental de l'archéologie des Hauts-de-Seine fouille et a fait connaître le sous-sol du département, « véritable livre d'histoire témoignant d'une occupation humaine ininterrompue du paléolithique à l'époque industrielle », lit-on sur le site du conseil général des Hauts-de-Seine. L'archéologie préventive présente de nombreuses occasions de fouilles et de trouvailles qui remuent le sol et le sous-sol de ce territoire sans cesse en travaux.

Des tribus érigeaient des mégalithes sur les belvédères boisés de la région. Le souvenir de ces menhirs persiste encore aujourd'hui dans quelques noms de lieux : Pierre-Plate, la Fosse, le Trou, les Chaillots (les « cailloux »), la Borne. Le nom même de Nanterre évoque un cercle de pierres dressées : le cromlech. Nanterre, *Nemetdor* en celte, signifie « enceinte sacrée » ou « sanctuaire ». Par quel détour étonnant l'histoire récente de La Défense fait un clin d'œil complice à ces installations verticales dressées vers le ciel !

Nanterre était une cité gauloise d'une certaine importance dont on a découvert les vestiges : « Une nécropole, des rues, des quartiers résidentiels, le quartier artisanal, ainsi que de nombreux objets : vaisselle, outils de pierre, de fer et d'os, broches et épées, lances et boucliers… » peut-on lire sur le site du conseil général des Hauts-de-Seine.

Née en 419 après Jésus-Christ, sainte Geneviève, patronne de Paris, gardait ses moutons dans une enceinte circulaire de 38 pierres dressées. Une cathédrale lui sera dédiée à Nanterre, bâtie sur un cimetière mérovingien.

Au IIIe siècle avant notre ère, le site de collines et de grès, facile à franchir, accueille les Parisis, grands voyageurs venus d'outre-Rhin, premiers envahisseurs puis premiers sédentarisés. La route de Nanterre à Rouen et à la Normandie, toute proche, s'infléchissant vers l'ouest après avoir traversé la Seine, préfigurera la trajectoire de la future autoroute de l'Ouest. Le nom de Courbevoie (*curva via*) et la devise inscrite sur les armoiries de la ville – *curva via mens recta* (« voie courbe esprit droit ») – témoignent de cet ancien tracé.

« Après les inondations de 1373 (on allait en bateau depuis la porte Saint-Antoine jusqu'au port de Neuilly), après les ravages de la guerre de Cent Ans où les Anglais détruisirent Nanterre… après quelques poussées de peste durant la seconde moitié du xive siècle et au début du xve, la région connut une relative prospérité. Peuplée d'agriculteurs cultivant des parcelles exiguës et des vignes, la région bénéficia du débouché naturel de l'agglomération parisienne forte de plus de 200 000 habitants », indique le *Guide historique de La Défense*.

L'histoire de la voie royale, impériale puis triomphale

Il est difficile de comprendre l'édification du quartier de La Défense sans aborder l'histoire du grand axe dont l'origine, le Louvre, est au cœur de Paris.

Depuis François Ier, les rois de France font du château de Saint-Germain-en-Laye leur « résidence secondaire » préférée. La forêt est giboyeuse et les rois en savourent tout le calme. Mais la voie pour s'y rendre est à l'origine un simple chemin de terre peu entretenu. La route doit devenir praticable et sûre. Le passage de la Seine à Neuilly s'opère depuis 1140 par un bac, créé par l'abbé Suger, peu pratique et se révélant parfois dangereux. Alors qu'il est grand voyer de France, Sully concevra le tracé d'une chaussée directe entre les deux châteaux ; le pont sera achevé en 1611 et la construction de la longue perspective est en bonne voie !

Louis XIV, souhaitant embellir Paris, décide d'aménager les Tuileries, sous l'impulsion de Colbert. Un arrêt du Conseil d'État d'août 1667 précise que pour l'achèvement et l'embellissement du palais et du jardin des Tuileries il faut utiliser les terrains qui prolongent ces lieux à l'ouest jusqu'à la montagne de Chaillot. Le jardinier du roi, Le Nôtre, organise la ville autour de l'axe rectiligne, coupé par des bassins, et dégage de larges perspectives. Le grand cours planté sera nommé Champs-Élysées.

En haut des Champs-Élysées, après de laborieux débats et la remise en cause de nombreux projets, l'inauguration de l'Arc de Triomphe a lieu en juillet 1836. Le dessein projeté par Colbert de poursuivre la perspective, dans un plan de 1675, des Tuileries à la montagne de Chantecoq, prend corps et la prémonition ou l'intuition devient progressivement réalité. L'avenue de la Grande-Armée (en l'honneur des soldats du Premier Empire) est baptisée en 1846. Le Second Empire rêvait d'une voie impériale, prolongeant cette avenue vers la plaine de Montesson et Saint-Germain-en-Laye. Napoléon III célèbre la voie « impériale » en lui offrant sur la place de la Demi-Lune, anciennement place de l'Étoile-de-Chantecoq puis rebaptisée rond-point de l'Empereur en 1863, une statue immense de Napoléon Ier sculptée par Charles Émile Seurre.

La guerre avec la Prusse et le siège de Paris trouveront l'un des épisodes les plus héroïques dans la résistance opposée par nos troupes à l'envahisseur afin de protéger la capitale au cœur même du futur territoire de La Défense. Même si l'histoire tragique de la Commune en a quelque peu estompé la mémoire, cet épisode a fait l'objet d'une commémoration majestueuse et durable dans le monument dédié par le sculpteur Louis-Ernest Barrias aux défenseurs de Paris, qui remplacera la statue impériale. Après avoir franchi le pont de Neuilly, la butte de Chantecoq est atteinte, et la statue de Barrias, baptisée *La Défense de Paris*, donnera son nom au rond-point, à l'avenue et à l'ensemble du quartier, promis à un brillant avenir.

L'urbanisme en attente de l'histoire

L'élaboration d'une longue perspective, qu'elle soit royale, impériale ou républicaine, qu'elle soit le signe tangible de l'extension de la capitale, qu'elle soit marquée en ses places et ses ronds-points de symboles de conquête ou de défaite de l'histoire de la capitale confondue avec l'histoire de France, ne confère en aucun cas une volonté ou une ambition d'urbanisme raisonné.

Des tentatives d'aménagement sans lendemain

Bien sûr, en 1922, Auguste Perret propose son avenue de maisons-tours dans le prolongement de l'axe jusqu'à Saint-Germain-en-Laye. « La ville doit être un grand espace planté de tours… » dit-il, mais sa conception reste lettre morte. Maillot est constamment à la recherche de sa Porte ou de sa place : tête de ligne d'un chemin de fer électrique de Paris à la forêt de Saint-Germain-en-Laye, lieu d'un « Monument au poilu ».

En 1930, Léonard Rosenthal – puis les élus en 1931 – lance des consultations, dont la dernière porte sur « l'aménagement de l'avenue triomphale de l'Étoile à la place de La Défense ». Les débats sont sévères, les projets se limitent à de grands gestes monumentaux et ponctuels ; seul Jacques Carlu propose que La Défense soit aménagée en une sorte de grande esplanade longée d'immeubles d'environ 15 étages. Il intitule son projet « CENTRE DU PLUS GRAND PARIS CRÉÉ À LA DÉFENSE ».

Même s'il est visionnaire, le projet rejoint le carton des idées abandonnées sans pour autant que la réflexion sur l'aménagement de l'Ouest parisien ne soit rejetée. En 1932, l'urbaniste Henri Prost et Raoul Dautry, futur ministre de la Reconstruction, élaborent un plan d'aménagement de la région parisienne. En 1941, la voie triomphale est déclarée d'utilité publique. Mais ce n'est pas un axe, si prestigieux soit-il, qui fait une ville.

Des territoires en friche et des bidonvilles

Les territoires de Courbevoie, Puteaux et Nanterre sont occupés par des entrepôts et des dépôts de matériaux, des petits ateliers et des usines, des pavillons, quelques immeubles, des jardins, une centrale thermique. Ce désordre urbain, dans des espaces hétéroclites et en mutation sera le cadre du film de Granier-Defferre *Le Chat*, d'après une nouvelle de Georges Simenon.

La ville de Nanterre, qui à l'époque n'est pas encore dans le périmètre de l'opération du quartier d'affaires, est le réceptacle et le déversoir de la misère du monde, en accueillant notamment sur son territoire des bidonvilles pour la main-d'œuvre immigrée. Les conditions de vie y sont effroyables et les Algériens, principaux occupants, font l'objet d'actes de violence et d'agressions racistes de la part de la police française, en pleine guerre d'Algérie. En 1964, les Algériens y sont 14000. Le général de Gaulle, président de la République, exige la destruction de ces bidonvilles et le relogement des occupants dans des cités de transit, ce qui sera effectif en 1972. Il faudra toutefois attendre 1985 pour que la dernière cité de transit disparaisse.

Bien plus tard, bâtie sur un ancien camp militaire, au lieu-dit La Folie, l'université de Nanterre, créée par arrêté du 24 décembre 1970 et consacrée aux sciences humaines et sociales, mettra le feu aux poudres de la contestation étudiante dès le 22 mars 1968.

Depuis lors, cette université, l'une des plus grandes et réputées de France, acquerra ses lettres de noblesse dans le domaine de l'excellence universitaire et formera avec les autres établissements d'enseignement supérieur du site un pôle scientifique de niveau international.

Enfin, La Défense dans l'histoire urbaine

À la fin de la guerre, André Prothin crée le Service technique de l'aménagement de la région parisienne, chargé d'un projet « d'axe d'urbanisation et non seulement d'un axe de pénétration ». Afin d'étudier l'implantation sur le site de La Défense d'une Exposition universelle, le ministre de la Reconstruction et de l'Urbanisme, Eugène Claudius-Petit, désigne alors trois architectes : Robert Camelot, Jean de Mailly et Bernard Zehrfuss. Ils dessinent en 1950 un plan d'aménagement entre le pont de Neuilly et le rond-point de La Défense. Le ministre, la même année, autorise l'acquisition de terrains à vendre.

Emmanuel Pouvreau, président du Syndicat des constructeurs français de machines-outils, achète des terrains près du rond-point et propose aux architectes un grand palais qui soit lieu de promotion de l'industrie française. Décidé en 1951, le CNIT (Centre des nouvelles industries et technologies) est inauguré en 1958, après qu'en 1956 l'élaboration d'un cadre légal avait pu permettre au chantier de démarrer!

La même année, le périmètre d'intérêt général de La Défense, comprenant deux zones d'une superficie de 750 ha, jette les bases du futur quartier d'affaires. Afin d'acquérir et de libérer les sols, de réaliser les infrastructures, de promouvoir le quartier de La Défense, l'EPAD (Établissement public pour l'aménagement de La Défense) est créé le 9 septembre 1958, avec à sa tête André Prothin. L'aventure du développement et de l'urbanisation commence alors, à un rythme rapide.

Les grandes étapes du développement du quartier de La Défense

Un peu plus de cinquante ans pour construire une ville :

- 9 septembre 1958 : création de l'EPAD;
- 12 septembre 1958 : inauguration du CNIT par René Coty;
- 1964 : ouverture de la tour Esso;
- 1966-1967 : achèvement des tours Aquitaine et Nobel;
- 1969 : nomination de Jean Millier comme P-DG de l'EPAD. Le plan-masse permet le doublement des surfaces de bureaux; ouverture du boulevard circulaire; achèvement de la tour Europe; évacuation des bidonvilles de Nanterre;
- 1970 : achèvement des tours Aurore et Atlantique et inauguration de la station de RER La Défense;
- 1971 : achèvement de La Défense 2000;
- 1972 : polémique de la tour Gan et lancement du premier concours Tête Défense;
- 1973 : achèvement de Vision 80 (copropriété de logements);
- 1974 : achèvement des tours Fiat (Areva) et Axa (First);
- De 1974 à 1978, aucune charge foncière n'est cédée : première crise pétrolière; ralentissement du développement de La Défense;

- 1981 : ouverture des Quatre Temps et achèvement des Miroirs ;
- 1982 : livraison d'Élysées La Défense ;
- 1983 : livraison de la tour Scor ;
- 25 mai 1983 : le président Mitterrand choisit le projet la Grande Arche, de l'architecte Johann-Otto von Spreckelsen ;
- 1985 : livraison des tours Total Coupole et Total Michelet ;
- 14 juillet 1989 : inauguration de la Grande Arche par le président Mitterrand ;
- Octobre 1989 : deuxième inauguration du CNIT ;
- 1990 : prolongement de la ligne 1 du métro, concert de Jean-Michel Jarre et achèvement du passage de l'Arche ;
- 1992 : achèvement des Collines de l'Arche ;
- 1993 : démolition de la tour Esso ; deuxième crise économique ;
- 1995 : livraison des tours Alicante et Chassagne à la Société générale et ouverture du pôle universitaire Léonard-de-Vinci ;
- 1997 : construction de la ligne de tramway T2, Issy-La Défense ;
- 1999 : livraison de la tour PB6-EDF ;
- 2001 : livraison de l'ensemble immobilier Cœur Défense et de l'église Notre-Dame-de-la-Pentecôte ;
- 2004 : rénovation de la tour Opus 12 ;
- 25 juillet 2006 : lancement du plan de renouveau de La Défense ;
- 2007 : création de l'Établissement public de gestion de La Défense (EPGD) et plantation de la vigne du clos de Chantecoq ;
- 2008 : livraison des tours Granite et de T1 ;
- 2008 : fête des 50 ans de l'EPAD, réaménagement du CNIT, Jean Nouvel remporte le concours d'architecture de la tour Signal, et rénovation des Quatre Temps ;
- 2009 : livraison de la tour Praetorium ;

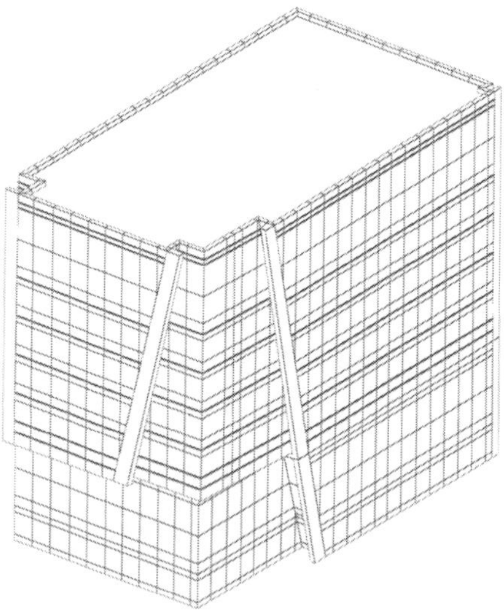

Figure 1-1 : La tour Praetorium.

- 2010 : l'EPGD devient Defacto et premier conseil d'administration de l'EPAD, devenu EPADESA ;
- 2011 : première pierre de la tour Carpe Diem, inauguration de la tour First et lancement du chantier de la tour Majunga ;
- 2013 : livraison prévisionnelle des tours Ava, Carpe Diem, D2, Majunga ;
- 2015 : livraison prévisionnelle des tours Air 2 et Generali ;
- 2016 : livraison prévisionnelle des tours Hermitage Plaza et de la tour Phare.

Chapitre 2

Proche et loin de Paris

Dans ce chapitre :

- La duplicité de la réalité
- La proximité évidente
- Un lointain impressionnant

« Sans Paris, La Défense n'existerait pas. Ville nouvelle sur les friches d'un bidonville, La Défense ne pourra jamais être considérée comme un quartier de la capitale », affirme Simon Texier, historien de l'art et de l'architecture.

Paris, proche voisin

L'axe historique, par sa permanence historique et sa longueur rectiligne, parcourt tout Paris et traverse naturellement la Seine et le quartier de La Défense.

La force de la perspective

Le grand axe historique était à l'origine le prolongement du jardin des Tuileries. Du Louvre au Carrousel pendant 400 m, la société était immobile, puis entre la Concorde et l'Arc de Triomphe, pendant deux cents ans, les gens – piétons – se sont mis à marcher. De l'Étoile à La Défense, les usagers se transforment en automobilistes.

On constate alors que plus un monument s'éloigne du Louvre, origine de l'axe historique, plus la distance avec le monument qui le précède s'accroît : Louvre – arc du Carrousel : 400 m ; arc du Carrousel – obélisque : 975 m ; obélisque – Arc de Triomphe : 2 150 m ; Arc de Triomphe – Grande Arche :

4850 m ; pont de Neuilly – Grande Arche : 1300 m, où l'on retrouve la vitesse du piéton.

Le continuum est tellement prégnant grâce à l'axe, si invariable dans son tracé, que la proximité virtuelle entre le Louvre et la Grande Arche est évidente. Les maquettes de l'espace Info Défense sur la dalle sont très éclairantes à propos de ces séquences géographiques et de ces raccourcis saisissants qu'offre la cohérence du tracé.

Le lien entre Paris et La Défense va de soi, s'offre comme acquis, et on imagine facilement que la couverture éventuelle de l'avenue de Neuilly contribuera de manière éclatante à rapprocher davantage la capitale du quartier d'affaires.

Le métro, un moyen d'immédiate proximité

La ligne 1 du métro de Paris, inaugurée en 1900, s'arrête à la station La Défense depuis le 1er avril 1992. Le voyageur met à peine dix minutes pour rejoindre l'Étoile. Dans un proche avenir, la ligne n'aura plus de conducteur et conduira 772 voyageurs au lieu de 680 actuellement, à une vitesse maximale de 80 km/h. Mise en service en 1997, la ligne 2 du tramway (ou T2) relie depuis peu La Défense à la Porte de Versailles en 32 minutes. Et désormais, la ligne L du Transilien relie La Défense à Saint-Lazare en 9 minutes. Et, à Saint-Lazare, les « Défensiens » sont à proximité immédiate du RER ou de la ligne 14.

L'objectif n'est pas de traiter de la nature des transports d'aujourd'hui et de demain dans ce chapitre, mais La Défense est, par ses moyens de communication, très proche du centre de Paris et bien plus que certaines stations de métro de Paris intra-muros du centre de la capitale. Ce n'est donc pas une illusion, le centre d'affaires avoisine, touche, courtise la capitale.

Le quartier lointain

Malgré la proximité géographique, les raccourcis opérés par la photographie ou les temps de métro, le changement de nature de l'urbain, de la ville, est perceptible.

Atmosphère... atmosphère ?!

Par temps calme ou par grand vent, du parvis de la Grande Arche, les voitures agglutinées avenue de Neuilly semblent des jouets et l'Arc de Triomphe bien lointain, irréel. Là-bas, c'est Paris !

Ce qui est étrange quand on se trouve sur la dalle, à la sortie des stations La Défense ou Esplanade, c'est cette expression d'immensité à la fois horizontale et verticale. La prégnance du site est tellement marquée par ses limites – la Seine, le circulaire, la Grande Arche, le double alignement des tours de part et d'autre de cet espace vaste et blanc, à peine dérangé par quelques installations humaines – que l'on a l'impression d'une certaine extraterritorialité.

Rare est l'usager qui arrive à La Défense par hasard. Et, pourtant, il peut avoir l'impression de marcher dans un ailleurs, un paysage à part, surtout à quelques kilomètres de Paris ; proche et très lointain à la fois. Il est étonnant de se trouver dans un univers nouveau, une sorte de Wall Street ou de City, mais plus ordonné et révélant des espaces confidentiels sous les frondaisons. Sous les arbres roses du printemps ou les verdures estivales, les constructions très hautes ne sont plus perceptibles, les symboles du CAC 40 ont disparu. L'étrangeté de ces gratte-ciel serrés les uns contre les autres se dévoile alors au gré aléatoire d'une fenêtre végétale.

Et puis, il existe cette qualité de l'air, subtil et étrange, que l'on ne trouve nulle part ailleurs et certainement pas à Paris ; une sorte de léger enivrement, offert comme l'ozone des avions. C'est le courant d'air, le vent quasiment toujours présent dont s'amusent les mouettes (singulière présence) portées nonchalamment et élégamment. L'été, parfois le soleil écrase la dalle, il suffit alors de gravir les marches de l'Arche pour retrouver ce vent arrêté ou atténué dans sa force par la grande voile tendue par Peter Rice, le « nuage », et les écrans de verre dressés du côté de la plaine de Nanterre.

C'est un fait que le site de La Défense, étant un point haut par rapport à la région environnante, est soumis à des vents d'ouest importants pouvant affecter le confort des piétons et même leur sécurité en raison de phénomènes de turbulence. Pour combattre ces « effets Venturi », accélération du vent dans les passages étroits, des essais sur maquettes ont été entrepris à Marseille et à Grenoble. Mais ces expériences n'étaient pas concluantes, « l'étude des nuisances aéroliques à La Défense doit, par conséquent, être entreprise à une échelle et avec des moyens convenables pour obtenir des résultats significatifs ». Telle est la conclusion… provisoire exprimée en 1974 dans le n° 14 de la revue d'information de l'EPAD.

L'insularité vécue

Cette impression d'être soumis aux éléments naturels est-elle due à l'éloignement de Paris ? Oui, dit Roland Castro (in *Defacto* n° 7, janvier 2011), parce que « La Défense reste une île. Ma perception de La Défense a changé au moment de la construction de la Grande Arche en 1989, dans l'alignement de l'axe historique de Le Nôtre. Le quartier d'affaires un peu monomaniaque est ainsi devenu un lieu du Grand Paris tel que je le conçois, multipolaire, identifiable à l'échelle métropolitaine. Mais La Défense reste une île qui ne profite pas de son statut d'insularité et manque d'urbanité ».

Sur l'île, on perd le Nord !

Aujourd'hui, cette insularité ne relève pas du fantasme mais est bien réelle, et ressentie par les automobilistes et les piétons occasionnels qui veulent accéder dans de bonnes conditions au quartier d'affaires pour au moins deux raisons. Pour les piétons, le boulevard circulaire constitue une barrière difficile à franchir (cet effet de coupure est accentué par le fait que le parvis est construit en hauteur) ; les voisins doivent matin et soir emprunter passerelles, ascenseurs, escaliers mécaniques, tunnels, pour passer au-dessus ou au-dessous de la voie rapide par des couloirs parfois mal éclairés ou sans entretien. Les automobilistes, s'ils veulent rouler, n'ont guère de problème, mais s'ils souhaitent trouver leur parking ou accéder à une tour précise, ils risquent de tourner longtemps en rond.

Les deux populations d'usagers sont soumises ainsi aux mêmes difficultés : l'absence de signalétique piétonne et de signalisation routière claires et rapidement compréhensibles. La mutation du circulaire en boulevard urbain et la mise en place d'une signalétique explicite sont des chantiers importants pris en charge actuellement, pour le premier par l'EPADESA, et pour le second par Defacto, dans le cadre du plan de renouveau (voir chapitre 14).

« On va enfin trouver son chemin », « les habitants vont plus facilement s'identifier à leur quartier », pourra-t-on entendre sans doute prochainement, et le livreur d'Ikea ne renoncera plus à livrer un meuble à l'adresse dûment indiquée !

La Défense se caractérise ainsi par son entière insularité, ne s'identifiant à aucun autre quartier d'affaires européen, remarquablement desservi par les transports en commun, constamment en construction, condamné à l'évolution permanente.

Une autre indication tend à renforcer l'étrangeté de ce territoire. Sans être véritablement un ovni institutionnel, La Défense est à la fois proche de nos institutions et le produit d'une hybridation singulière entre le droit commun des collectivités territoriales et le droit d'exception qu'autorise l'intérêt suprême de la nation. En son temps, la loi Boscher avait imaginé, pour les villes nouvelles, un dispositif original pour organiser autour des établissements publics tout puissants une coexistence pacifique entre les collectivités locales et l'État. Ici, sans inventer un nouveau système institutionnel, on a superposé, imbriqué, en jouant sur les niveaux décisionnels, les périmètres d'intervention et les fonctions.

Ainsi, en apparence, on peut constater un relatif éparpillement de la gouvernance entre de multiples acteurs publics de droit commun : État, Région, conseil général des Hauts-de-Seine, des communes à géométrie variable selon le périmètre d'action (syndicat intercommunal d'études et de projets, structures intercommunales), et des acteurs *ad hoc* de caractère exceptionnel : OIN, EPADESA et Société du Grand Paris.

Certains observateurs considèrent que ce montage compliqué peut porter en lui-même des risques de contradictions, sinon de conflits d'intérêts, et qu'il ne facilite pas une répartition des charges et des ressources financières, et notamment fiscales, juste et équilibrée. Pourtant, La Défense n'est ni « U – topia » – qui n'a pas de lieu – ni « Eu – topia » – le lieu de l'idéal, du bonheur, du mieux.

Personne ne reste indifférent lors de sa visite de ce site ni loin ni proche de Paris. Jean Giraud (dit Gir ou Moebius), dessinateur et scénariste, apprécie cette architecture : « J'aime beaucoup cette idée d'un pôle architectural de bureaux et de services un peu délirant. À la fois ordonné et plein de ce bric-à-brac qui donne la vie, la richesse et le futur d'un pays. En ce sens, La Défense a été un bon choix, dans un alignement prestigieux. Et je vois que cette ambition se poursuit, avec les projets de tours de plus de 300 m. »

Et un dernier clin d'œil (provisoirement!) nous est offert par Laurent Honel, guitariste et compositeur des Fatals Picards : « La Défense, dit-il, est l'endroit le plus proche des États-Unis, pour y faire du skate ou se promener aux Quatre Temps » !

Chapitre 3

Une ruche d'activités

Dans ce chapitre :

- Une population très nombreuse en dessous et en dessus
- Une population de voyageurs
- Une population de chalands

L'urbanisme de dalle se prête à cette large appréhension visuelle de milliers de personnes qui se déplacent chaque jour, sûres de leur trajet, de leur tracé et de leur destination, sans les détours des feux de carrefour ou des voitures stationnées, et, sous la dalle, les circulations des piétons semblent encore plus nombreuses et vibrionnaires.

Une population en perpétuel mouvement

La dalle exerce une fascination ancienne et ses dessous trépident du passage de millions de piétons.

Un troublant apparentement

Le quartier est fréquenté par la terre entière, on y parle toutes les langues. « L'esplanade du piéton s'élève en rampe douce… À travers les branchages on voit les prismes de cristal des immenses bureaux. Les architectures variées des immeubles de grande ou très grande hauteur dominent 30 ha d'espaces publics sans rue et sans trottoirs, c'est l'espace de la dalle où se succèdent les places, les terrasses pour arriver à un parvis. Des masses de cristal, gigantesques… du cristal qui miroite dans l'azur, qui luit dans les ciels gris de l'hiver, qui semble plutôt flotter dans l'air qu'il ne pèse sur le sol, qui est un étincellement le soir, magie électrique… l'électricité répand une joie quiète… on perçoit la rumeur lointaine des quartiers de Paris demeurés dans leur croûte ancienne. C'est la Cité intense des affaires ! » Cette évocation à la fois réaliste et poétique est d'autant plus troublante qu'elle est empruntée à la description souhaitée par Le Corbusier pour son « Plan Voisin » de Paris, en 1925 !

La Défense, premier quartier d'affaires, s'étend sur 560 ha, possède un parc de 3 200 000 m^2 de bureaux, correspondant à 2 500 entreprises et 1 500 sièges sociaux, souvent fleurons de l'économie nationale et internationale. Comme pour l'ensemble de l'ouvrage, nous nous attacherons particulièrement à l'étude du quartier d'affaires de La Défense.

La Défense Seine Arche concentre savoir-faire et innovation ; les profils professionnels sont évidemment multiples : responsables d'entreprises de toutes dimensions et natures, conseillers et consultants, ingénieurs et universitaires, artistes et commerçants, personnel chargé de la maintenance et de l'entretien… La population des 170 000 salariés est jeune et diplômée (64 % de cadres). On recense aussi 20 000 habitants. C'est devenu aussi l'un des tout premiers lieux de fréquentation touristique avec, chaque année, plus de 8 500 000 visiteurs.

Cette population variée et nombreuse travaille, se promène, déjeune, selon des trajets et des rythmes très programmés, au gré des jours et des saisons, du matin et du soir.
À pied, en métro, en RER, en train, en tramway, en bus, en car, en voiture, en taxi, à vélo, à scooter, ce sont plus de 450 000 voyageurs qui passent chaque jour à La Défense dont 85 % des 180 000 salariés viennent chaque matin et repartent chaque soir en transports en commun.

La grande salle d'échanges

Ce qui symbolise le plus cette ruche d'activités d'une vitalité extraordinaire, c'est son centre, invisible de la dalle, le cœur des transports urbains : « Cœur Transport La Défense ».

Dans le quartier, tous les modes de transport et les échanges souvent longs et compliqués n'ont cessé de se complexifier au cours des années. Le conseil régional d'Île-de-France, le conseil général des Hauts-de-Seine, l'EPADESA (Établissement public d'aménagement de La Défense Seine Arche), le Syndicat des transports parisiens, la RATP et la SNCF se sont associés afin d'élaborer un projet global d'aménagement et de modernisation de cet espace d'échanges et de transports nommé « Cœur Transport La Défense ». Par sa rénovation due aux architectes Maxime Ketoff et Marie Petit, entre 1996 et 2001, il a contribué à apporter plus d'efficacité, de lisibilité, de sécurité, de qualité et de confort à cet espace d'une surface de 20 000 m^2, d'une longueur de 225 m et d'une largeur de 67 m. Le bureau d'information du public, au centre de cette grande halle à l'esthétique améliorée, offre un service d'accueil et d'information sur tous les transports. Cœur Transport a l'ambition de s'adapter et d'intégrer les nombreuses évolutions futures liées au développement de La Défense dans le contexte du Grand Paris. Nouveau point d'attraction, sa vocation sera affirmée pour absorber le défi des flux de circulation sans cesse croissants.

Effectivement proches de la saturation ou de l'asphyxie, les transports doivent évoluer. En cours de modernisation, cette desserte sera complétée dans les temps à venir par la prolongation d'Eole et le réseau Grand Paris Express, qui reliera La Défense aux aéroports de Paris.

De très grands centres commerciaux

La grande salle d'échanges de Cœur Transport La Défense donne accès à deux très importants centres d'activités commerciales : le centre des Quatre Temps, ouvert en 1981, et le CNIT, tous deux récemment rénovés par leur propriétaire, Unibail-Rodamco.

Le CNIT et les Quatre Temps, pionniers de leur époque

Premier bâtiment de La Défense inauguré en 1958, le CNIT, édifié par les architectes Camelot, de Mailly et Zehrfuss, à la voûte en béton dessinée par l'ingénieur Esquillan, a connu une rénovation totale de son aménagement intérieur après trois années de travaux et sans arrêt d'activité. Depuis octobre 2009, directement accessible depuis la salle d'échanges des transports en commun, le CNIT propose 40 boutiques et restaurants, et reste un grand centre de conférences et d'événements d'entreprise.

En face, et aussi directement accessible par la grande halle, le grand bâtiment des Quatre Temps, de 24 m de haut, construit en 1981 par les architectes Guy Lagneau, Michel Weill et Jean Dimitrijevic, a été totalement réhabilité entre 2004 et 2008 par Anthony Belluschi, associé à SRA Architectes pour l'architecture et au cabinet Saguez pour le design.

Adossé à l'immeuble Élysées Défense, le centre commercial d'une surface de 180 000 m^2, dont 130 000 m^2 consacrés aux commerces, sur quatre niveaux supérieurs et quatre inférieurs de parkings, offre une grande concentration de grandes et moyennes surfaces spécialisées, d'enseignes nationales et de « concepts internationaux leaders », et regroupe 230 entreprises. Une extension de 15 000 m^2 inclut le nouveau multiplexe UGC Ciné-Cité La Défense, de 16 salles, ouvert en 2006, et un nouvel espace de restauration.

Premier centre commercial français pour le chiffre d'affaires – 875 millions d'euros en 2010 –, et second par la taille – après Belle Épine (Val-de-Marne) – et la fréquentation – après les Halles de Paris –, avec 42 millions de visiteurs en 2010, il bénéficie de l'exceptionnelle zone d'attraction de La Défense mais aussi d'une clientèle venue du nord et de l'ouest parisiens. L'aire de chalandise est à moins de vingt minutes de La Défense et concerne 3,7 millions d'habitants. La majorité des clients résident dans le secteur et seulement 25 % sont issus de la cité d'affaires.

Aujourd'hui, la rénovation relance l'attractivité

Unibail-Rodamco, premier groupe européen coté d'immobilier commercial, a racheté le CNIT à Vivendi en mai 1999 et a procédé à son entière rénovation en 2008. Le CNIT et les Quatre Temps constituent à eux deux le plus grand centre commercial d'Europe. La moitié des clients sont communs au CNIT et aux Quatre Temps.

Avant la restructuration, les Quatre Temps étaient tristes, un peu sombres. Aujourd'hui, à sept minutes des Champs-Élysées par le RER, le centre commercial offre sa lumière et sa transparence. L'atmosphère claire, parfois baignée par le soleil dessinant des motifs abstraits sur le sol, remplace la froideur crue du néon. C'est une sorte de cité dans la ville où, descendu de sa tour, on peut prendre plaisir à musarder à l'heure du déjeuner. L'on imagine aussi lors des soldes d'hiver ou d'été les allées noires de monde, les promotions inédites chargeant les clients de leurs nombreuses trouvailles.
À l'été 2010, les Quatre Temps ont connu, avec 3,9 millions de visiteurs, une augmentation de fréquentation d'environ 9 %, grâce notamment à l'ouverture tous les dimanches permise par le classement du quartier d'affaires en zone touristique.

La directrice des Quatre Temps et du CNIT, faisait part de son expérience lors d'une conférence organisée au SIMI par l'EPADESA le 2 décembre 2010, intitulée « La Défense, l'esprit de place » : « ... Je ne construis pas des tours, mais j'accueille les utilisateurs de La Défense dans deux sites qui représentent une dynamique exceptionnelle : les Quatre Temps et le CNIT. On représente bien sûr une dynamique commerciale importante : on accueille cette année près de 57 millions de visites sur l'ensemble des deux sites. Cela représente 270 commerces. C'est un chiffre d'affaires annuel de plus de un milliard d'euros et presque 6 000 employés au total des deux sites... La rénovation des sites effectuée il y a peu de temps montre l'importance que l'on peut donner à ces lieux. »

En effet, ce succès est dû à la renaissance des deux bâtiments mais aussi à l'importance de l'aire commerciale environnante et à la présence de la cité d'affaires. Cette analyse rapide des lieux de mobilité et de commerce révèle des signes explicites de la dimension singulière du quartier de La Défense.

Deuxième partie

La Défense en 80 ans

Dans cette partie...

Du Louvre, la longue perspective s'est étirée jusqu'après l'Arche de La Défense. L'édification de ce quartier singulier fut rapide, marquée par quelques constructions emblématiques comme le CNIT et la Grande Arche.

Chapitre 4

La poursuite du Grand Axe

Dans ce chapitre

- Du Louvre à l'Arc de Triomphe
- De porte (Maillot) à pont (de Neuilly)
- De l'étoile de Chantecoq au rond-point de La Défense
- L'avancée irrésistible et interminable de l'axe

C'est une grande aventure de plus de huit cents ans que ponctue, sans la fermer, la Grande Arche. Malgré les discontinuités de l'histoire, les enjeux politiques contradictoires, les aléas économiques, les ambitions personnelles, du Louvre à La Défense s'est construit progressivement un axe rectiligne de 8 km, écho des histoires de France.

Les premiers segments d'une très longue ligne droite

« Que de larges avenues annoncent majestueusement l'entrée de la ville. » Louis XIV demande ainsi à Le Nôtre de dessiner les jardins des Tuileries et de donner naissance, sans le savoir, à l'une des plus belles perspectives urbaines du monde.

Aux origines était le Louvre

En 1200, Philippe Auguste protège Paris d'une nouvelle enceinte et complète le dispositif par la construction d'une forteresse appelée « tour du Louvre ». Charles V la transforme en palais résidentiel et François Ier, s'installant à Paris en

1527, fait démolir la tour du Louvre. Catherine de Médicis fait construire une nouvelle résidence, « les Tuileries », à l'extérieur de l'enceinte de Charles V. Henri IV a le projet ambitieux de réunir le palais du Louvre au palais des Tuileries par une galerie, la « galerie du Bord de l'Eau », de 460 m de long et conçue par les architectes Louis Métézeau et Jacques II Androuet du Cerceau. La régence de Marie de Médicis fera activer l'aménagement de la galerie.

Entre 1654 et 1664, les importants travaux d'embellissement et de construction marquent la volonté de Louis XIV de faire du Louvre sa principale résidence. Le Vau procède au quadruplement de la cour du Louvre, qui devient la « Cour Carrée ». En 1660, Charles Perrault, architecte, construit, face à Saint-Germain-l'Auxerrois, une façade monumentale à péristyle à doubles colonnes.

Afin de compléter l'ordonnancement des constructions du palais et de dégager des perspectives, Colbert demande, en 1664, à André Le Nôtre (1613-1700), premier jardinier du roi, de créer un nouveau jardin. Le jardinier de Vaux-le-Vicomte et de Versailles fait preuve de tout son art en construisant des terrasses qui dominent des parterres encadrant trois bassins – le plus grand était au centre d'une large allée de 350 m de long.

Une ambition persistante : atteindre la colline de Chaillot

Un arrêt du Conseil d'État de 1667 stipule que pour « l'achèvement et l'embellissement du palais et des jardins des Tuileries », il faut « utiliser les terrains qui prolongent ces lieux jusqu'à la colline de Chaillot ».

Dans une ordonnance de 1668, Louis XIV confirme son ambition d'étendre son emprise vers l'ouest : « Que de larges avenues terminées par des arcs de triomphe annoncent majestueusement l'entrée de la ville… »

Le Nôtre fait planter des ormes en 1670, il fait casser le mur semi-circulaire du bastion fermant le jardin et amorce une voie rectiligne à travers champs jusqu'à la colline de Chaillot (aujourd'hui place Charles-de-Gaulle). La création de ce nouveau paysage parisien est rigoureusement justifiée par Le Nôtre : « L'espace destiné à être parcouru est aussi le lieu où s'échappe le regard au-delà des limites des aménagements et sans lequel un jardin ne serait qu'un jardin, une ville qu'un dédale de rues. »

Ce grand alignement planté s'appelait le « Grand Cours » et marquait l'amorce des Champs-Élysées, nom qui fut donné en 1694. La grande perspective de 8 km était née – c'est le départ des lignes structurantes de la capitale. Colbert confirma déjà cette intention de poursuivre la perspective, dans un plan de 1675, des Tuileries à la montagne de Chantecoq. Mais Louis XIV et la Cour quittent Paris pour Versailles et le grand dessein (et dessin) prémonitoire de Colbert reste lettre morte.

LE SAVIEZ-VOUS ?

Louis XV poursuit la conquête de l'Ouest. En 1748, la Ville de Paris décide d'ériger une statue en hommage au roi, sur une nouvelle place. Un concours est lancé. Parmi les 150 propositions, le roi choisit un grand terrain, alors libre de toute construction, entre les Tuileries et les Champs-Élysées. Un second concours en 1753, gagné par Jacques-Ange Gabriel de Mézières (1698-1782), ferme la grande place par deux bâtiments jumeaux encadrant la rue Royale. C'est sous le ministère du marquis de Marigny, directeur des bâtiments du roi, frère de la marquise de Pompadour, que fut mise en œuvre la place Louis-XV. On profite des travaux de la place pour remplacer les ormes trop vieux par des tilleuls de Hollande.

La place, appelée « place de la Concorde » en 1830, recevra l'obélisque de Louxor en 1833, cadeau du pacha d'Égypte, Méhémet-Ali, à Charles X. Les fontaines de l'architecte Hittorff, les 20 colonnes rostrales et les lampadaires en fonte donnent son équilibre et son ampleur à la place. Ainsi, l'intention originelle de garder la perspective intacte des Tuileries aux collines de Chaillot, peu à peu, progresse et se concrétise.

La plus belle avenue du monde

« La plus belle avenue du monde », jalon unique sur le trajet de l'axe historique, fut isolée du centre de Paris jusqu'à ce que la haute société de l'époque de Napoléon III s'y intéresse en édifiant les premiers hôtels.

En 1900, la construction de la première ligne de métro attire les bonnes affaires. Le paradis des immeubles de rapport, des sièges de grandes sociétés, des banques, des commerces de luxe, était en gestation.

Sacha Guitry qualifiait l'avenue en ces termes : « C'est le contraire d'une adresse, c'est un détour en ligne droite et c'est l'aveu d'un sentiment. »

« En haut » des Champs-Élysées – une butte boisée jusqu'au xviiie siècle –, celle que l'on nomme aujourd'hui la « place de l'Étoile » fit l'objet d'innombrables projets plus ou moins farfelus (éléphant géant abritant un théâtre et une salle de bal, gigantesque croix illuminant la ville la nuit, grand obélisque de marbre blanc, vaste fontaine avec jet d'eau…). Il fallait occuper cette place. C'est en 1806, au retour de la victoire d'Austerlitz, que Napoléon ordonne qu'un gigantesque arc de triomphe soit construit en l'honneur des victoires de ses armées (l'arc est construit par les architectes Charles Percier et Pierre-François Fontaine).

Après de nombreux débats sur l'implantation de l'arc et sa volumétrie, la première pierre fut posée le 15 août 1806 par Jean-François Thérèse de Chalgrin et Jean Arnaud Raymond, tous deux architectes. Les travaux commencent en 1809 et l'inauguration aura lieu le 29 juillet 1836, mais sans fanfare ni orchestre, vers sept heures du matin !

L'architecte Jacques Ignace Hittorff propose la construction d'une grande place : ce sera le rond-point de 246 m de diamètre s'ouvrant sur 12 larges avenues. L'Arc de Triomphe et l'avenue des Champs-Élysées furent et sont restés le cadre de très grandes manifestations qui ont renforcé leur caractère exceptionnel et symbolique. Des défilés du 14 Juillet (le défilé féerique de Jean-Paul Goude, le 14 juillet 1989, notamment) aux arrivées du Tour de France, en passant par la manifestation gigantesque célébrant la victoire de l'équipe de France de football à la Coupe du monde de 1998, tous ces événements ont contribué à une appropriation collective de ces espaces, voire à une communion et une fraternisation exceptionnelle.

La mairie de Paris et l'Atelier parisien d'urbanisme, dirigé par Pierre-Yves Ligen, ont souhaité, en 1989, lancer une « mission

Champs-Élysées », afin de réaménager l'avenue atteinte « d'un processus de dégradation entraînant un affaiblissement de la qualité de cet espace urbain prestigieux ».

La grande perspective partant du Louvre est si prégnante que Patrick Pognant, de la mission, justifie la réhabilitation : « Cela s'imposait aussi par l'importance des interventions réalisées le long de l'axe majeur. Successivement, d'est en ouest, ont été mis à l'étude : le projet du Grand Louvre conçu par l'architecte Ieoh Ming Pei, le réaménagement des jardins du Carrousel associé à celui des Tuileries, la restauration de l'Arc de Triomphe, l'aménagement de la Porte Maillot, la couverture de l'avenue de Neuilly liée à l'extension de la ligne de métro n° 1 et, enfin, la Grande Arche de La Défense, imaginée par l'architecte Johann-Otto von Spreckelsen ».

L'architecte Bernard Huet, dont le projet fut déclaré lauréat d'une consultation, est intervenu pour traiter l'espace public, en restructurant le mobilier urbain pour modifier l'éclairage et revaloriser le bâti de l'avenue. Il proposa aussi, pour renforcer l'unité des essences de plantations, une nouvelle rangée de platanes de bonne taille. Les tilleuls avaient été remplacés en 1858 par des marronniers.

L'interminable promenade rectiligne se poursuit

Après l'Arc de Triomphe, on descend l'avenue de la Grande-Armée des ombres des héros, autoroute urbaine aujourd'hui et peut-être la plus belle avenue du monde demain. À la hauteur des ambitions du Grand Paris, l'« axe majeur » entre Étoile et Paris La Défense offrira de larges promenades et des voies de circulation réservées aux transports collectifs.

Maillot à la recherche utopique d'une Porte

Même si on a tenté vainement de lui donner une théâtralité en y installant le Palais des congrès de l'architecte Guillaume Gillet, redessiné récemment par Christian de Portzamparc, la place du centre de laquelle partent les sentiers de grande randonnée d'Île-de-France reste un carrefour informe, à cheval sur le périphérique et le boulevard des Maréchaux.

Et pourtant, la Porte Mahioulsc ou Porte Maillot, construite par Soufflot en 1780, a fait l'objet d'un très grand nombre de propositions d'aménagement et d'organisation de ses espaces. En 1900, il est envisagé que la Porte soit la tête de ligne « d'un chemin de fer électrique de Paris à la forêt de Saint-Germain » puis, en 1911, un centre de sports, d'expositions, le lieu d'un Palais de l'agriculture. En 1920, la Ville de Paris lance un concours pour le « Monument au poilu ». Le projet lauréat de Tournaire est une place circulaire entourée de portiques au centre de laquelle est érigée une colonne du sculpteur Roussel.

La Porte comme prétexte à une ouverture plus lointaine

De place en place, la Porte Maillot est d'un accès difficile.

De la place de la Victoire à la place Maillot

En 1930, Léonard Rosenthal lance une consultation pour « l'étude architecturale de la place de la Victoire ». Pour ce mécène, promoteur de commerces aux Champs-Élysées, cette place « devra par ses dimensions et par sa majesté, être en harmonie avec l'ensemble merveilleux dont elle est l'aboutissement ».

Il s'agit d'ériger à la Porte Maillot deux tours immenses constituant un des éléments de la perspective grandiose qui devait joindre à une artère unique les Tuileries, l'Arc de Triomphe et la place de La Défense.

Les architectes de l'époque élaborent des projets très ambitieux. Ce sont notamment Henri Defrasse, André Granet, Auguste Perret, Le Corbusier, Rob Mallet-Stevens ou Henri Sauvage. Ce dernier développe sa théorie des « immeubles à gradins » avec deux pyramides symétriques de 23 étages et organise une place circulaire ornée d'obélisques se répondant de part et d'autre d'une statue équestre centrale. Rob Mallet-Stevens conçoit deux hautes tours à chaque entrée de l'avenue de la Grande-Armée, reliées entre elles par un gigantesque arc. Le Corbusier propose aussi deux gratte-ciel sur une « esplanade Foch », desservis par un réseau quasi autoroutier.

De la place Maillot à la place de La Défense

Sans attendre la présentation des projets de la place Maillot, un nouveau concours « pour l'aménagement de l'avenue triomphale de l'Étoile à la place de La Défense » est organisé par les élus de la Ville de Paris, en 1931. La Société française des urbanistes en rédige le programme et impose trois impératifs : « l'esthétique, la circulation, la réalisation ». Afin d'éviter les débordements considérés comme excessifs dans le concours précédent, Henri Prost rappelle que « la masse de l'Arc de Triomphe doit rester la dominante de la perspective de la voie triomphale ».

Le projet primé de M. Bigot, architecte membre de l'Institut de France, et de MM. Bouchard et Landowski, tous deux sculpteurs, a dédié « la Porte Maillot à Clemenceau, le pont de Neuilly aux Maréchaux et la place de La Défense à la Victoire ». Une gigantesque statue de la Victoire, au centre du rond-point de La Défense « domine les hauteurs de Courbevoie : deux grands pylônes, de part et d'autre du "pont des Maréchaux" forment un premier plan à ce grand motif ».

Le projet « a réalisé une conception d'ensemble. Il a voulu créer, sur la place de La Défense, un intérêt monumental à la perspective de l'Avenue Triomphale [...]. Il a voulu créer, dans le ciel du plus grand Paris, une silhouette nouvelle marquant une étape de l'extension de la capitale et caractérisant notre époque, comme l'Arc de Triomphe est la marque indélébile du siècle passé », a écrit Henri Prost, dont le texte a été publié dans le n° 1 de la revue *Urbanisme*, en avril 1932.

Le concours pour l'aménagement de la Porte Maillot n'a pas contribué à son embellissement, mais a donné l'occasion aux participants d'adopter un regard de visionnaires sur la poursuite de la perspective historique.

Un caractère visionnaire et prémonitoire

Un certain nombre de propositions ou de commentaires émis à cette époque sont troublants, pour ne pas dire prophétiques. Déjà, lors du concours de 1931, Jacques Carlu (1890-1976, un des architectes du palais de Chaillot) fait une proposition d'esplanade dégagée, agrémentée d'un jet d'eau et de végétations basses et longée par des immeubles d'environ 15 étages. Il légende en majuscules son projet : « CENTRE DU PLUS GRAND PARIS CRÉÉ À LA DÉFENSE ».

Dans un numéro de 1938 de *L'Illustration*, Léandre Vaillat plaide pour installer « un immeuble majestueux » à La Défense : « Cela est possible, non à la Porte Maillot, qui est un carrefour, pas une place, mais à l'entrée et à la sortie du futur pont de Neuilly, qui sera la véritable porte de Paris à l'ouest, et le long de l'avenue de La Défense, au prix d'une entente préalable et urgente entre les communes riveraines de Puteaux et Courbevoie, cela est désirable autour du rond-point de La Défense. Dans un avenir relativement proche, l'avenue et le rond-point de La Défense auront l'importance de l'avenue des Champs-Élysées et de la place de l'Étoile. »

L'entonnoir à voitures de Neuilly

La Porte Maillot est séparée de La Défense par une gigantesque percée urbaine coupant violemment la commune de Neuilly en deux. Ce n'est plus un boulevard urbain, c'est une route nationale qui traverse bruyamment la ville pour aller plus loin et le plus rapidement possible.

En 2005, la Ville de Neuilly, dans le cadre d'une consultation restreinte, soumet à l'équipe Vasconi Associés Architectes une étude sur la requalification de l'avenue Charles-de-Gaulle. Les architectes proposent alors de « rétablir cette continuité entre l'Étoile et La Défense, à travers le maillon essentiel que constitue l'avenue réordonnée et de concevoir un tapis vert, large de 40 m, bordé d'un double mail recouvrant les infrastructures ».

En 2006, les élus engagent une réflexion, puis animent un large débat public qui définit plusieurs scénarios. Ils mettent en place un comité de pilotage (constitué des représentants de l'État, des collectivités territoriales, de l'EPAD, de l'association des usagers de La Défense et de la chambre de commerce et d'industrie). Leur objectif consiste à répondre à trois problématiques : « fluidifier le trafic, régler les nuisances environnementales de sécurité et de bruit, et reconquérir l'espace en surface pour engager un projet urbanistique de valorisation du territoire ». Il est resté sans suite.

En 2010, Jean-Christophe Fromantin, maire depuis 2008, lance une nouvelle consultation auprès de quatre architectes et de quatre cabinets d'audit-conseil ou d'avocats pour que cette avenue devienne « un espace de vie, de création et de compétitivité ».

Reliant la place de l'Étoile, la Porte Maillot, au quartier de La Défense, le maire a initié un projet intitulé Axe Majeur associant les élus de la Ville de Paris et des communes concernées, les associations et les habitants.

On imagine depuis les premières terrasses de La Défense jusqu'aux Champs-Élysées le paysage totalement transformé, la ville recousue, les rumeurs remplaçant les moteurs, la verdure des plantations se substituant à l'acier des véhicules.

Quelles histoires pour franchir la Seine !

Les rois de France aimaient rejoindre leur château de Saint-Germain-en-Laye, résidence préférée de François Ier ou d'Henri II, en raison notamment de la forêt proche fréquentée par un gibier nombreux. Depuis 1140, le bac du pont de Neuilly, créé par l'abbé Suger, permettait le franchissement de la Seine, mais il était peu commode et s'était révélé dangereux.

Le pont remplace le bac

Le roi Henri IV demande à Sully d'entreprendre la construction d'une chaussée directe reliant le Louvre au château de Saint-Germain.

LE SAVIEZ-VOUS ?

Le bain forcé du roi et de la reine

Le 9 juin 1606, le roi Henri IV et Marie de Médicis ont échappé à la noyade. Jean Hersard, médecin du Dauphin, conte l'aventure dans son journal (cité dans Piquemal) : « À quatre heures, le roi et la reine partent pour s'en retourner à Paris… étant au port de Chatou, au-delà de l'île, il faisait glissant à la descente, les chevaux reculent, et à la descente de celui de Neuilly, tout le carrosse tomba dans l'eau. Monsieur de l'Isle-Rouet y va, appelle le Roi qui n'avait que la tête et un bras hors de l'eau, lui prend les mains, le met hors de l'eau (le Roi) disant "que l'on aille à ma femme"… Cependant la Reine était tombée dans l'eau, à la portière ; un valet de pied s'y jette, la prend par sa coiffure qui échappe, il la prend sous la gorge, et à l'aide de M. de Chastaigneraie, ils lui mettent la tête hors de l'eau et aussitôt elle demanda "où est le Roi ?", qui, l'entendant, se jeta dans l'eau pour l'aider à mettre dehors… »

Christophe Marie conçoit un pont de bois à péage (à la fois pour les usagers du pont et de la Seine) qui rapportera 8000 livres en 1645. Trente ans après sa construction, le pont fut en partie détruit par des blocs de glace brisant ses piles trop rapprochées. Le pont, étroit et malcommode, avait d'ailleurs provoqué l'accident du carrosse de Blaise Pascal, en 1654.

Jean-Rodolphe Perronet (1708-1794), premier ingénieur des Ponts et Chaussées, fut chargé d'étudier la grande voie allant des Champs-Élysées au pont de Neuilly dans la perspective de l'aménagement d'une route royale rapide et rectiligne, mettant aisément le château et Saint-Germain-en-Laye et ses chasses à portée du roi. De 1768 à 1774, il dirigea les travaux de terrassement et d'écrêtement ayant pour but d'adoucir la pente de la montagne de Chaillot et pour qu'elle soit d'une même déclivité jusqu'au pont de Neuilly. Les terres dégagées serviront à remblayer les Champs-Élysées.

Également, en 1768, il dirigea la construction du pont de pierre caractérisé par un tablier droit, des piles minces et des arches de grande ampleur, ce qui était une innovation par rapport au traditionnel pont en dos d'âne. Cette nouvelle conception donnait aussi une plus grande liberté à l'écoulement des eaux. Pas moins de 872 ouvriers et 168 chevaux contribuèrent à l'œuvre, jusqu'au 22 septembre 1772, quand Louis XV, en présence de la Cour, inaugura l'ouvrage avec grand fracas. En effet, Perronet entreprit de déboulonner à l'avance toutes les pièces de l'ancien pont, si bien qu'en quelques minutes il s'effondra dans la Seine avec un bruit de tonnerre résonnant jusqu'à Paris. La prouesse de l'ingénieur était réelle, mais son œuvre traduisait aussi son ambition de mise en valeur des environs de Paris.

La butte de Chantecoq enfin atteinte

Après le pont, il traça une voie rectiligne jusqu'à la butte de Chantecoq, où il dessina une place ronde de même taille que la place de l'Étoile (respectivement de 234 m et de 246 m de diamètre) d'où rayonnent six avenues en étoile. La place prendra le nom d'« Étoile-de-Chantecoq » puis de « place de la Demi-Lune ». Au centre, Perronet souhaite édifier un obélisque en granit de 40 m de hauteur duquel on pourrait distinguer les Tuileries et l'Étoile. Il restera dans les cartons.

Le Second Empire souhaitait une voie impériale reliant l'avenue de la Grande-Armée à Saint-Germain-en-Laye et la plaine de Montesson. En 1863, Napoléon III fit dresser sur la place de la Demi-lune, devenue rond-point de l'Empereur, une statue de Napoléon Ier sculptée par Charles Émile Seurre. Pendant la guerre de 1870 contre la Prusse, elle fut déposée – pour être cachée – dans la Seine et, beaucoup plus tard, elle retrouvera sa place dans la cour d'honneur des Invalides. En 1878, Barthélémy Forest, membre du conseil général de la Seine, décidant de rendre hommage aux soldats de la résistance pendant cette guerre, organise un concours pour édifier une statue. C'est l'œuvre de Louis-Ernest Barrias qui sera choisie, à cause sans doute de l'expression académique mais très évocatrice de la résistance. Elle fut inaugurée le 12 août 1883 au milieu d'une foule de 100 000 personnes.

Cette statue, *La Défense de Paris*, donnera son nom au rond-point puis à l'avenue et au quartier dans lequel elle est désormais implantée.

L'espace est rapidement occupé

Même si Adolphe Alphand, directeur des Travaux de Paris, a l'idée que soient organisées les Expositions universelles de 1878 et 1889 près du rond-point de La Défense, même si un Palais du travail, inspiré du fameux Crystal Palace de Londres, était projeté à Courbevoie, l'espace se remplit comme une banlieue. S'y répand un univers pavillonnaire plus redevable à Céline qu'à Le Nôtre ; l'ère industrielle fait cracher les cheminées de ses manufactures, consomme la campagne, « bouffe » les bords de Seine.

À Puteaux, en 1882, de Dion-Bouton emploie 1 800 ouvriers pour son usine automobile. Les ateliers de mécanique, métallurgie lourde, aviation, textile, teinturerie, les laveries, les brasseries, toutes les branches de l'industrie naissante s'implantent. L'avenue de La Défense est alors bordée de bistrots, de guinguettes, d'ateliers d'artistes.

Pour accomplir le trajet Étoile-Courbevoie, les voyageurs empruntent une locomotive à vapeur conçue à la Nouvelle-Orléans, en 1872, et surnommée « La Bouillotte », puisqu'elle doit s'arrêter à chaque station pour qu'un générateur de vapeur porte l'eau à 200 °C avant de repartir.

De la voie triomphale au boulevard urbain

Le pont de Perronet, trop étroit, est démoli en 1942 et l'idée de relier Paris à Saint-Germain-en-Laye par une voie directe, « impériale » ou « triomphale », perdure. À travers tous les plans et esquisses successifs élaborés jusqu'au projet définitif, la question du programme du nouveau quartier fera partie intégrante de la réflexion.

Cette volonté de développement rationnel de ces espaces s'est exprimée très tôt. Henri Prost est désigné urbaniste en chef à la direction de l'urbanisme de Paris. Il élabore en 1934 le projet d'aménagement de la région parisienne (ses positions d'avant-garde, pour la densité et contre l'étalement urbain notamment, concernent la réalisation de cinq autoroutes dont celle de l'Ouest et la voie prolongeant l'axe monumental jusqu'à la Croix de Noailles en pleine forêt de Saint-Germain).

Raoul Dautry, en 1938, souhaite « mettre fin au développement anarchique des banlieues qui a multiplié la confusion et la laideur ». Après la guerre, le Service d'aménagement de la région parisienne se fixe comme objectif prioritaire de « faire de la voie triomphale un axe d'urbanisation autant que de pénétration ». Le quartier de La Défense pose ses marques.

Pendant la guerre, les idées se confirment. La voie triomphale est déclarée d'utilité publique en 1941. On envisage la création d'un quartier aux fonctions nouvelles et la création des liaisons nécessaires entre celui-ci et la ville ancienne.

La naissance

Le 12 juillet 1951, le ministre de la Reconstruction et de l'Urbanisme, Eugène Claudius-Petit, autorise l'acquisition des terrains à vendre dans le périmètre de La Défense.

Les décisions administratives se succèdent

Procédures, plans d'aménagement contribuent à fixer le périmètre de La Défense :

- 12 juillet 1951 : naissance du futur quartier;
- Plan de 1956 : « aménagement de la région de La Défense intéressant des parties du territoire des communes de Courbevoie, Nanterre, Puteaux »;
- 26 octobre 1956 : le périmètre d'intervention de la région de La Défense est fixé et comprend deux zones d'une superficie de 750 ha; le contrôle de l'axe historique est assuré par une zone non constructible de 140 m de large réservée à une autoroute;
- Août 1957 : l'État procède aux achats de terrains par expropriation;
- 1958 : plan directeur intercommunal;
- 12 septembre 1958 : inauguration du CNIT;

- 1959 : projet d'aménagement de la région dite de « La Défense ».

C'est l'époque des grands plans-masses, des grandes compositions urbaines inspirées par les Grands Prix de Rome : plan de masse des Zehrfuss, de Mailly et autres Coulon de 1956, 1957, 1959. Ils reprennent, de la Charte d'Athènes, le zonage et la séparation des fonctions.

Une Exposition universelle ou une Maison de la radio ?

Quelle vocation donner à ce nouveau territoire qui sera désormais relié au centre de Paris par chemin de fer, par route et bientôt par des transports en commun ? Une ville satellite, un quartier administratif, un espace culturel ou bien un quartier d'affaires ? Les idées fusent : Exposition universelle, musée du xxe siècle, Maison de la radio, ville idéale équilibrée entre bureaux, logements et commerces. La raison du plus riche aura gain de cause quand s'imposera la nécessité d'équilibrer l'opération et de valoriser les terrains au maximum de leur usage. Le CNIT (voir chapitre 5), symbole de la reconstruction de l'industrie et de la modernisation de l'économie, ouvrira l'ère du développement d'un quartier d'affaires illustrant la prospérité retrouvée et la croissance des trente glorieuses.

Ainsi que l'exprimait Pierre Gibel, chef du Service d'aménagement de la région parisienne, « le projet de La Défense reflète la volonté de modernisation de la banlieue par le contrôle de son urbanisation ainsi que l'accent mis sur la reconstruction de l'industrie ». Après l'industrie, le moteur de la croissance sera le tertiaire, la banque, la finance, les services, dont le développement s'incarnera dans les tours et les immeubles de La Défense.

Chapitre 5

La construction du CNIT et la création de l'EPAD

Dans ce chapitre

- La construction du CNIT
- La naissance de l'EPAD
- L'arrivée des transports en commun

Le Centre national des industries et des techniques est la première construction d'importance du quartier de La Défense. Elle date de 1958. Très vite, afin de maîtriser le foncier et d'organiser l'urbanisation, l'EPAD est créé. Une de ses missions essentielles est de réaliser les infrastructures.

Le CNIT, la première pierre de La Défense

Après la Seconde Guerre mondiale, les responsables politiques souhaitent construire un lieu prestigieux où les savoir-faire industriels et techniques seraient exposés. Le CNIT représente le symbole d'une France dynamique.

Une double inauguration pour un bâtiment d'exception

Le matin du 12 septembre 1958, René Coty, président de la République, accompagné d'Édouard Ramonet, alors ministre de l'Industrie et du Commerce, inaugure la première grande exposition du CNIT, « Mecanelec ».

En fin d'après-midi, le général de Gaulle, depuis trois mois président du Conseil, accompagné d'André Malraux (futur ministre de la Culture), de Georges Pompidou, conseiller du général, et de Pierre Sudreau, ministre de la Construction, traversent rapidement les stands de « Mecanelec », pour se faire présenter par l'hôte de ces visiteurs illustres, Emmanuel Pouvreau, le bâtiment encore en chantier. L'enthousiasme est unanime après ces visites au plus haut niveau.

André Malraux s'exclame : « Depuis les grandes cathédrales gothiques, on n'a rien fait de semblable » ; c'est, pour *Le Monde* du 13 septembre, « un monument de la foi, un édifice inoxydable » ; « la plus belle voûte du monde », pour *Le Figaro* ; « le CNIT constitue le plus magnifique acte de foi collectif de nos milieux industriels dans l'avenir de la science et de la volonté françaises », dit le ministre Édouard Ramonet lors de son discours d'inauguration.

Un symbole fort

Résolument orienté vers la croissance et la performance, le Centre national des industries et des techniques fut l'idée et le projet d'un homme, Emmanuel Pouvreau. En 1948, Emmanuel Pouvreau devient président du Syndicat des constructeurs de machines-outils. Or, depuis plusieurs années, la Fédération des industries de la mécanique souhaite disposer d'un lieu, sorte de vitrine des savoir-faire industriels français. Emmanuel Pouvreau crée alors la Société civile du centre de la mécanique, pour recueillir des financements privés et l'appui des services publics. Un mode qui préfigure l'originalité de La Défense : une collaboration étroite des intérêts privés et de la puissance publique.

Le site retenu est le rond-point de La Défense, choix fortement soutenu par le ministre de la Reconstruction et de l'Urbanisme, Eugène Claudius-Petit, qui souhaite développer un nouveau secteur d'extension urbanistique de la capitale.

D'ailleurs, il recommande au futur maître d'ouvrage les architectes qui travaillent déjà à un schéma d'aménagement du quartier : Robert Camelot, Jean de Mailly et Bernard Zehrfuss.

Des financements à la conception du projet, en passant par les achats fonciers et les autorisations administratives, chaque étape du projet est menée rapidement :

- La demande de permis de construire est déposée le 16 novembre 1954;
- L'avis favorable du ministre est émis le 22 décembre 1954;
- Le permis est délivré le 7 mai 1955.

Les architectes, tous trois Grands Prix de Rome, font appel à des ingénieurs spécialistes des voiles minces de béton, qui seront chargés de réaliser l'esquisse originale proposée par Jean de Mailly, une très grande voûte courbe reposant sur trois points. Ce sont Luigi Nervi, ingénieur et architecte romain, Eugène Freycinet, spécialiste du béton armé, Nicolas Esquillan, ingénieur ayant conçu les voûtes des hangars de l'aéroport de Marignane, d'une portée de plus de 100 m, ainsi que les halles ferroviaires toujours visibles à Nanterre dans le quartier des Groues. C'est Esquillan qui trouvera la solution à l'impossible défi : une voûte tripode en béton, d'une portée de 220 m et d'une hauteur de 46 m reposant sur trois points d'appui.

La performance technique

Cette sorte d'étoile à trois branches d'une épaisseur de 6 cm à la clé de voûte abrite une surface au sol d'une dimension équivalente à celle de la Concorde. Cette coque, constituée de 18 fuseaux accolés en éventail convergeant vers les culées, n'est pas sans rappeler les voûtes gothiques nervurées. « Cette structure [...] satisfait à la fois les exigences de l'esthétique, de la durée et d'une parfaite adaptation à la fonction », a écrit Nicolas Esquillan dans la revue *Travaux*, en juin 1959.

L'ingénieur Jean Prouvé conçoit les façades en panneaux de verre mobiles, totalement indépendants de l'ensemble de la voûte.

Le chantier est tel que l'échafaudage emploie plus de 1 000 km de tubes métalliques et qu'il nécessite l'installation d'une véritable usine de préfabrication le long du pont de Bezons. Les travaux démarrent le 8 juillet 1956, réunissant

10 ingénieurs, 18 dessinateurs et 300 ouvriers sur le site. La dernière partie de la voûte sera terminée le 25 septembre 1958, peu après l'inauguration officielle, et le CNIT sera définitivement en service en avril 1959, lors de l'inauguration des Floralies internationales.

Si le CNIT mérite un long exposé, c'est pour plusieurs raisons : la performance technique évidemment – l'architecture des formes libres –, mais aussi la collaboration exceptionnelle entre architectes, ingénieurs, constructeurs, maîtrise d'ouvrage privée et pouvoirs publics. On avait rarement vu une si grande volonté de faire une œuvre exceptionnelle inscrite dans une dynamique « moderne ». C'est aussi le témoignage de « la liberté économique reconquise et les performances techniques retrouvées », comme l'écrira Marc Emery dans *Techniques et architecture* trente ans plus tard. Les ambitions du ministre Claudius-Petit peuvent dès lors s'appuyer sur cette architecture exceptionnelle.

Les premiers pas du CNIT

Le CNIT devint le lieu des grandes expositions et des événements populaires. Les Floralies internationales, en avril 1959, sont inaugurées par le président de la République, le général de Gaulle et la reine mère d'Angleterre, et sont fréquentées par 1,7 million de visiteurs.

Le 24 décembre 1960, 100 000 personnes célèbrent une messe de minuit chantée par Tino Rossi et Charles Trenet avec Duke Ellington au piano. Le CNIT accueillera le Salon des arts ménagers, le Salon de l'enfance, le Salon de la navigation de plaisance, Batimat, le Salon international de plein air et bien d'autres manifestations.

Pendant dix ans, le CNIT est le seul bâtiment sur le site. Peu à peu, avec la construction de la dalle, masquant les circulations souterraines, les pieds de l'architecture remarquable disparaissent.

Dès les années 1970, les salons industriels manquant d'espace quittent progressivement le CNIT pour s'installer notamment à Villepinte, à la Porte Maillot ou à la Porte de Versailles. En 1985, le centre ne fonctionne plus que 56 jours par an.

La première mue du CNIT

Christian Pellerin, président de la SARI, en association avec les groupes Accor et Bouygues, propose de regrouper sous la voûte des bureaux, des hôtels, des commerces, des services, et un centre de congrès, afin de devenir un World Trade Center, à l'instar des modèles multifonctions qu'il a découverts aux États-Unis.

Une conception différente

Le bâtiment est alors totalement vidé, la voûte de l'ingénieur Esquillan – et sa pureté originelle –est visible dans son ensemble sans doute pour la dernière fois.

Les architectes Michel Andrault, Pierre Parat, Bernard Lamy et Ennio Torrieri, assistés de Bernard Zehrfuss, conçoivent une sorte d'immeuble de cinq étages disposés en amphithéâtre au-dessus d'un vaste atrium. La complexité du chantier implique des méthodes de construction innovantes. Patrick Elluin, directeur général de SARI Ingénierie, s'efforce de rationaliser au maximum la conduite de l'opération, notamment grâce à l'appui de nouveaux outils de conception graphique par ordinateur (CAO).

Une courte vie pour le CNIT des années 1990

N'OUBLIEZ PAS !

L'inauguration a lieu le 4 octobre 1989, après douze mois et douze jours de travaux, en présence de 5000 invités. Avec le renouveau du CNIT, « le quartier d'affaires va bénéficier du cœur qui lui faisait défaut », écrit *Le Quotidien de Paris*. Mais ce cœur, notamment animé par Infomart, le marché permanent de l'informatique, ne bat pas assez vite pour répondre aux espoirs attendus.

Malgré des changements de programmation dans l'usage des espaces, un équilibre financier retrouvé, le retrait de Vivendi en 1999 sonne la fin de cette période.

Le « nouveau » CNIT a vieilli prématurément : la « plaque tournante des affaires mondiales » souhaitée par Christian Pellerin est empreinte d'une certaine grisaille. Les grandes surfaces vitrées conçues par Jean Prouvé sont partiellement occultées, de nombreux bureaux sont vides au-dessus de la « place du village ».

La deuxième mue du CNIT

Unibail-Rodamco, premier opérateur, investisseur et développeur immobilier commercial en Europe, fait l'acquisition du CNIT en 1999. Conscient des enjeux économiques mais aussi de la grande qualité architecturale du lieu, le groupe lance, en 2003, une consultation pour la conception des espaces de bureaux.

Les architectes Jean-Luc Crochon et Cuno Brullman, associés à Pierre Parat, sont retenus. Ils ont bien sûr proposé d'offrir la meilleure efficacité aux différents espaces, tout en valorisant l'architecture, notamment en insufflant de la clarté : les bureaux en couronne sont écartés de la voûte, les nouvelles façades sérigraphiées de blanc, le sol est recouvert de dalles blanches, l'uniformisation des enseignes est traitée avec des fils de néons blancs, des jardins intérieurs et des terrasses sont créés, des éclairages artificiels habilement conçus… tout contribue à utiliser avec élégance la lumière venue de l'extérieur ou diffusée à l'intérieur.

Les trois pieds sont dégagés, les volumes retraités, les accès repensés, les nouveaux Escalators et passerelles faisant lien pour les 21 000 m^2 de surfaces de bureaux, la liaison directe en sous-sol avec la salle immense d'échanges et de transports de La Défense, tout contribue à l'accueil confortable des usagers et des visiteurs.

La troisième inauguration du CNIT a lieu le 22 octobre 2009. Avec ce nouveau CNIT, mais avec aussi l'immense centre commercial des Quatre Temps, La Défense possède le plus vaste espace commercial d'Europe : 230 000 m^2, 50 millions de visiteurs l'année dernière.

Ainsi, cinquante ans après sa construction, il est remarquable que le geste génial de Mailly et d'Esquillan puisse garder toute sa fraîcheur dans la conception contemporaine d'un bâtiment portant de nouvelles ambitions fonctionnelles au cœur du premier centre d'affaires d'Europe.

La création de l'EPAD

La construction du CNIT suscite de la part des opérateurs fonciers et immobiliers des souhaits d'achats et de constructions ; la création d'une structure garante d'une certaine cohérence dans l'aménagement de ce secteur est vite devenue nécessaire.

La genèse

Le décret en Conseil d'État du 26 octobre 1956 fixe le périmètre d'intervention de la région de La Défense et un zonage des types d'occupation des sols. Le périmètre de La Défense comprend alors deux zones d'une superficie totale de 750 ha : la zone A (130 ha), à cheval sur Puteaux et Courbevoie, deviendra le quartier d'affaires ; la zone B (620 ha) recouvre une partie de la ville de Nanterre.

Il projette la perspective du Grand Axe par une coulée de 140 m de large non constructible, empruntée par une future autoroute et le prolongement de la ligne 1 du métro. Ce plan approuve le projet conçu par les architectes Zehrfuss, Camelot et de Mailly ; il prévoit, de part et d'autre de la « voie triomphale », des tours de 12 étages alternant avec des immeubles plus bas et répartis de façon très ordonnée. On dénoncera très vite ces « alignements ennuyeux à la Carnac ».

Face au CNIT, Bernard Zehrfuss conçoit, en 1958, un projet de tour de 220 m de haut. Cette sorte d'« avenue verticale » comprend un noyau central autour duquel s'organisent 4 tours rectangulaires. Tous les 12 étages, une place offre divers services : restaurants, commerces...

Les investisseurs et les promoteurs se font de plus en plus pressants. Ce secteur de La Défense pose des questions d'acquisition et d'expropriation de terrains, de financements de la part des collectivités territoriales, des entreprises et de l'État. Les communes sont opposées à des opérations purement privées, l'État tient à poursuivre son œuvre de restauration après l'impulsion symbolique du CNIT, et n'entend pas laisser les sociétés privées se développer sans son contrôle garant de l'intérêt général.

La structure de l'EPAD

Il est décidé de créer un établissement public d'aménagement « chargé de procéder à toutes opérations de nature à faciliter la réalisation du projet d'aménagement de la région dite de "La Défense" ».

L'EPAD (Établissement public pour l'aménagement de la région de La Défense) est créé par décret, le 9 septembre 1958, pour une durée de trente ans. Un second décret donne à l'EPAD le pouvoir d'exproprier (voir le chapitre 11).

Les transports en commun à la conquête de l'Ouest

Le début de l'aménagement du quartier implique nécessairement l'arrivée d'ouvriers, d'employés de bureau, d'une population de plus en plus nombreuse, alors que la desserte en transports est notoirement insuffisante.

Les timides premiers transports

Le premier plan d'aménagement de La Défense, en 1956, intitulé « Aménagement de la région de La Défense intéressant les parties du territoire des communes de Courbevoie, Nanterre et Puteaux (Seine), plan directeur d'urbanisme intercommunal », prévoit la prolongation de la ligne 1, qui sera effectivement ouverte le 1er avril 1992.

Selon les plans-masses de 1963 et de 1964 approuvés par le Comité d'aménagement de la région parisienne, il est convenu que l'EPAD prend en charge la construction de la desserte viaire et celle des gares de la SNCF et du RER.

En 1967, la SNCF accepte de ménager un arrêt quotidien des trains de la ligne Paris-Versailles. Les premiers usagers de La Défense, notamment les employés de la tour Esso, doivent descendre à même les voies ferrées au bout du pont de Neuilly, qu'il faut alors traverser à pied avant d'emprunter un chemin étroit pris dans un dédale de chantiers et de palissades. Une gare provisoire dessert La Défense uniquement quand le CNIT tient salon. La gare définitive est enfin ouverte en 1968, sur la ligne de Saint-Lazare à Versailles.

En 1971, un aérotrain flottant sur coussins d'air devait transporter 160 passagers à 200 km/h entre Paris et la ville nouvelle de Cergy-Pontoise, en prévoyant un arrêt à La Défense. D'un coût de 300 millions de francs, le projet est vite abandonné.

Les travaux du RER furent décidés en 1961 et la station La Défense est inaugurée en février 1970. Le chantier fut gigantesque. Un bouclier de 10 m de diamètre creusant le tunnel rencontra de nombreuses difficultés, notamment lors du passage sous la Seine. Enlisée dans un banc de sable, la machine fut abandonnée à 30 m sous terre.

« Allô, l'EPAD ? »

Alors que la station de RER La Défense allait être inaugurée en 1970, le peintre des lettres de la signalisation téléphone, anxieux, au directeur des services techniques de l'EPAD pour lui faire part de son épineux problème : « Je suis en train de faire vos pancartes, celles du chantier du métro express. Il me pose un problème, le nom de votre métro. Surtout que vous m'avez demandé de mettre les initiales en lettres capitales. Vous voyez ce que les initiales de Métro Express Régional Défense Étoile donnent vues de loin ? Ah bon ! vous aussi vous trouvez qu'il faut changer ça ? » Ce peintre a permis aux usagers de la ligne de dire : « Je prends le RER », et non autre chose !

Chapitre 6

Le concours Tête Défense

Dans ce chapitre

- Le dessin n'est pas dessein
- L'État et les privés
- La bataille des échelles
- Les nombreuses Tête Défense
- Le concours international et les conditions de la naissance de l'Arche

La gestation et la construction des tours de La Défense ne furent pas simples à l'origine : rigidités et contraintes des plans d'aménagement, limitation des hauteurs, consultations prudentes. Les conséquences de la grave crise de 1973 à 1978 furent amorties par l'État. Même si, dès 1969, naît l'idée de Tête Défense, c'est le concours international de 1982 qui lui donnera toute sa légitimité et sa force avec le choix de la Grande Arche.

Les plans et le dessin

Le plan d'aménagement de 1956 assurant la continuité de l'axe historique par une zone non constructible de 140 m de large, réservée à une autoroute empruntée par quelque 60 000 voitures par jour, a été abandonné.

En 1964, un nouveau plan prévoit une hiérarchie des constructions et des espaces : un secteur où les tours de bureau de 25 étages sont autorisées, un secteur où les immeubles d'habitation de 5 à 12 étages sont encouragés et un secteur commercial le long de rues et de places marchandes.

Ces immeubles se disposent de part et d'autre d'un axe aussi long que les Champs-Élysées, se terminant par une grande place.

À la différence du plan de 1956 qui projetait un éclatement de la voirie en deux branches au niveau du rond-point de La Défense, une proposition innovante se fait jour ; les ingénieurs des Ponts et Chaussées ayant refusé cette voie en anneau qui mettait fin à la continuité régulière du Grand Axe, un plan audacieux est proposé. Au lieu de créer de multiples passerelles autour d'une voie centrale très fréquentée, ils proposent la création d'un plateau artificiel d'une superficie de 40 ha en pente douce du rond-point à la Seine. Les piétons circuleront sur la dalle, et son sous-sol sera consacré à la circulation routière, aux canalisations, autres dessertes et parkings.

Les dessins du formidable dossier de *Paris Match* de juillet 1967 intitulé « Dans vingt ans La Défense » conçus par Tanguy, dessinateur de *Spirou*, permettent de comprendre ce qu'aurait pu devenir l'application du plan de 1964 : de part et d'autre d'une vaste esplanade axiale, des tours de 100 m de haut, des immeubles d'habitation formant de grandes cours rectangulaires, des équipements et commerces sont soigneusement ordonnancés ; en haut de l'image, on retrouve la tour quadripode de l'architecte Zehrfuss, de 250 m de hauteur et 60 étages.

Une vision prémonitoire

La légende du dessin de Tanguy est aussi explicite que prophétique : « La Défense, qui est actuellement un immense chantier, va devenir le principal centre d'affaires de Paris. Dès 1980, 100 000 personnes travailleront dans ses 950 000 m² de bureaux climatisés… et 20 000 Parisiens y habiteront. À partir du pont de Neuilly, toute la circulation à La Défense se fera sous une dalle de béton de 1 200 m de long qui recouvrira 11 km de routes, 25 000 places de parking et le plus grand échangeur souterrain du monde. Le coût total des travaux était de l'ordre de 3 milliards de francs (dont 25 % seulement supportés par l'État). »

André Prothin, le premier directeur général de l'EPAD, dispose de trente ans pour créer un grand centre d'affaires sur le territoire de 760 ha de La Défense. Travaillant dans des baraques de chantier avec dix collaborateurs, il doit convaincre les élus, rassurer les habitants des communes concernées et attirer les financiers et les investisseurs.

Les pionniers

En 1956, la société pétrolière Esso montre l'exemple (voir chapitre 9). Le préfet de la Seine propose 2 ha à la société américaine, qui a l'ambition de regrouper sur un même site ses 1 550 employés, éparpillés dans 12 sites. L'immeuble, signé par les architectes Greber, Lathrop et Douglas, est un des premiers à concevoir des services adaptés au travail en bureau : self-service, service médical, monte-dossiers, salle climatisée pour les calculateurs électroniques IBM – très fragiles à l'époque –, et même une salle de cinéma pour visionner les films publicitaires. En outre, la façade n'est pas porteuse, une première en France ; elle est constituée d'un mur rideau. La tour sera revendue en 1991 puis démolie en 1993.

Succèdent à l'immeuble Esso la tour Aquitaine puis la tour Nobel. Les architectes de la tour Nobel, de Mailly et Depressé, imaginent, pour la première fois, un immeuble à ossature entièrement métallique avec un noyau central en béton recevant les ascenseurs et les escaliers. Les 28 étages et les 105 m du noyau central sont construits en 6 semaines seulement, la structure en 7 mois et l'immeuble en 13 mois. Des plateaux d'étage de 1 000 m^2 ont été prévus de telle façon que les fils et prises électriques et les cloisons démontables puissent permettre l'aménagement de bureaux modulables.

En 1967, les tours Esso, Aquitaine et Nobel sont achevées et les quatre tours Aurore, Atlantique, EDF et Europe sont en construction.

Toutefois, les débuts sont lents et difficiles. Les plans-masses de 1959 et 1964 ont fixé des dimensions très rigides aux tours – 42 m sur 24 m et une hauteur ne dépassant pas 100 m –, ce qui restreint les surfaces de bureaux à 28 000 m^2 chacune.

Le changement d'échelle

L'augmentation des hauteurs des tours et des surfaces de bureaux devient une condition nécessaire mais à risques pour la croissance du quartier.

Le doublement des surfaces offre un second souffle

Albin Chalandon, alors ministre de l'Équipement et du Logement, est sensible à l'évolution des techniques et des besoins et à la demande des promoteurs. L'UAP notamment, qui souhaite regrouper tous ses bureaux dispersés à Paris a besoin de 70000 m² d'un seul tenant ; or, l'EPAD ne peut proposer « que » 56000 m² répartis en deux tours voisines distantes de 7 m, reliées par une passerelle aérienne.

D'autres sociétés menacent de s'installer à Londres ou à Bruxelles. L'EPAD doit trouver un nouveau souffle en assurant une plus grande rentabilité à La Défense.

En 1969, Jean Millier, ingénieur général des Ponts et Chaussées, remplace André Prothin. Le plan-masse est révisé, le doublement du programme accordé par le ministre de l'Équipement et du Logement.

Le plan-masse permet le passage de la capacité de bureaux de 800000 m² à 1600000 m², la limitation de la hauteur n'étant plus un obstacle. La construction de bureaux connaît une formidable embellie. C'est ainsi que sont érigées les tours UAP (190 m), Fiat (235 m) et Gan (214 m). Ces tours, dites de la « deuxième génération », sont construites autour d'un noyau technique contenant les ascenseurs et les réseaux. À l'instar de ce que l'on pouvait connaître des bureaux américains, ces tours offrent alors de grands plateaux paysagers dotés d'air conditionné et de lumière artificielle.

Un squelette sous l'Arc de Triomphe

En juillet 1972 éclate une polémique, faisant d'ailleurs suite à celle de la tour Montparnasse. Les Parisiens découvrent derrière l'Arc de Triomphe un squelette de béton ! Alors que le quartier d'affaires était jusque-là invisible et peu perturbant, la tour Gan fait irruption dans la capitale ! Les journalistes, les associations se déchaînent; des architectes exultent : « La Défense est un chaos, dit l'architecte Pei, il est indispensable de la stabiliser. » Un autre architecte, Guillaume Gillet, s'écrie : « Il faut protéger une perspective unique au monde! Soudain j'apprends qu'un immeuble commercial de prestige va venir s'interposer sur cet axe solaire! Cet axe d'espace infini appartient aux hommes et à l'univers, au même titre que les pyramides d'Égypte. »

Les associations demandent d'araser, d'étêter la tour. Valéry Giscard d'Estaing, alors ministre des Finances, propose même de démolir le bâtiment concerné.

Le président Georges Pompidou, le 17 octobre 1972, met un terme à cette querelle très médiatique en validant la poursuite de la construction des tours. Jean-Claude Bernard, Premier Grand Prix de Rome, prend position : « La Défense doit se voir de Paris, sans contraintes, libre, comme une énorme turgescence, montrant à tous les Parisiens vivant dans un musée que Paris est encore vivant, porte ses bourgeons. » Le Premier ministre, Pierre Mesmer, écrit à Olivier Guichard, alors ministre de l'Équipement, qui conclut : « Chaque époque doit apporter sa contribution à l'architecture de Paris et il ne saurait être question de figer le développement de la capitale dans le seul respect du passé. »

Les tours se construisent de part et d'autre de l'esplanade centrale intacte, axe sacré. Une question taboue, sacrilège, peu à peu s'impose : comment terminer la perspective? Faut-il ouvrir ou fermer?

La Tête Défense sort de l'eau

Faut-il mettre un terme ou non à la longue perspective historique? C'est tout l'enjeu des débats animés autour de l'idée de Tête Défense.

Dès 1969, le promoteur Aaron et la Sefri demandent à l'architecte sino-américain Ieoh Ming Pei de construire face au CNIT une tour de 70 à 80 étages, la plus haute d'Europe. C'est alors que l'architecte commet un geste iconoclaste : il propose de déplacer le programme situé latéralement en plein milieu de l'axe. Il conçoit un double gratte-ciel triomphal en forme de V gigantesque d'une hauteur de plus de 200 m. Il l'appelle le « Diapason ». C'est à partir de cette proposition étonnante qu'est née l'idée de Tête Défense.

Par réaction, Émile Aillaud, proche du président Georges Pompidou, architecte du logement social, auteur de la Grande Borne, à Grigny, et des Courtillères, à Pantin, propose deux immeubles concaves, constituant une sorte de demi-cercle ouvert sur Paris. « Deux miroirs paraboliques, l'un argenté, l'autre noir, offrent à la ville une double image d'elle-même, précise et inversée, obscure et claire, gigantesque et précieuse. » Aillaud « fermait irrémédiablement l'axe », dira Daniel Baldani, architecte-conseil de l'EPAD, qui marquera son opposition en démissionnant. Il est vrai que le projet proposait un immeuble de 300 m de long et 70 m de haut. À ces critiques, Émile Aillaud répondait : « Après la colline de La Défense, le tissu urbain n'existe plus ; ce n'est qu'un panorama ferroviaire anarchique, coupé de cimetières et d'usines ; une perspective qui a 8 km ne peut durer jusqu'à la mer… au-delà d'une certaine mesure, la voie "royale" ou "triomphale" n'est plus qu'une route et passe du domaine monumental à celui de la voirie. »

Le projet met le président de la République dans l'embarras (entretien publié dans *Le Monde* du 17 octobre 1972). L'Académie d'architecture, de son côté, émet unanimement les plus grandes réserves alors que le projet « lui paraissait très beau ».

Une consultation est finalement organisée, à l'initiative de l'EPAD : 13 projets sont en lice. Pei a affiné son esquisse, Aillaud a abaissé ses miroirs à 55 m de haut, et son projet est retenu par le conseil d'administration de l'EPAD (sept voix contre six) et confirmé officiellement le 10 juillet 1973, par le ministre de l'Aménagement, Olivier Guichard. Cette décision appela immédiatement deux réflexions : pour la première fois dans l'histoire de Paris, un programme de bureaux privés fermerait définitivement la perspective amorcée par Le Nôtre. Justement, en contrepoint, d'aucuns s'interrogent sur l'opportunité de placer en un lieu aussi prestigieux un programme privé. L'idée d'y installer plutôt un édifice public et, pourquoi pas, le ministère de l'Aménagement, commence à germer.

Le choc pétrolier attaque La Défense

La crise consécutive au choc pétrolier de 1974 entraîne immédiatement une prise de conscience sur la fragilité du pays, la consommation facile, la construction de bâtiments trop énergivores.

La Défense gelée

Les polémiques au sujet des tours, de leur hauteur, de leur silhouette dans le ciel parisien, l'engouement pour la maison individuelle au détriment de l'habitat collectif gèlent pendant sept ans toute proposition et tout projet.

À partir de 1973, et jusqu'en 1978, l'EPAD ne peut plus vendre la moindre parcelle, les chantiers sont arrêtés. Les tours Generali, Neptune ou Manhattan restent vides. L'EPAD traverse la période la plus noire de son histoire. L'endettement augmente. Dans ce contexte, la querelle sur les tours s'arrête d'elle-même puisque, de toute façon, rien ne se construit plus.

Raymond Barre, nommé Premier ministre de Valéry Giscard d'Estaing, intervient lors d'un comité interministériel le 16 octobre 1978 et annonce sa volonté de poursuivre l'opération de La Défense. Il est démontré que ce serait aussi cher d'arrêter le projet que de le poursuivre. Il promet également que le ministère de l'Environnement et du Cadre de vie s'y installera bientôt. L'État intervient pour sauver l'aménagement de La Défense de la faillite, tout en marquant son territoire symboliquement, par l'arrivée d'un ministère. Environ 350 000 m^2 supplémentaires de bureaux sont autorisés, le chantier de l'autoroute sous dalle sera poursuivi. Rapidement, la Citibank, première banque mondiale, a l'intention de construire un immeuble de 21 000 m^2 face au CNIT. La reprise s'amorce.

Les timidités de la Tête

On évoque à nouveau l'aménagement de la Tête Défense. Une nouvelle consultation officieuse est lancée pendant l'été 1979, qui reste sans suite.

Le 8 mai 1980, l'EPAD lance, en vue de rechercher un parti d'aménagement de l'ensemble dit « Tête Défense », une consultation auprès de 23 architectes. Les candidats doivent répondre à l'exigence incontournable de concevoir « un parti monumental totalement invisible depuis la place du Carrousel jusqu'à l'Étoile, pour préserver la perspective prestigieuse des Champs-Élysées ».

Le 28 janvier 1981, le ministre de l'Environnement et du Cadre de vie, Michel d'Ornano, retient le projet de Jean Willerval, qui met en scène des immeubles « cristaux », d'un maximum de 50 m de haut au-dessus de la dalle, sortes de miroirs plats brisés, disposés en éventail. À la différence du projet de son confrère malheureux Émile Aillaud, une ouverture dans l'ensemble du dispositif permet la poursuite visuelle du Grand Axe.

La rébellion de Robert Lion

À quelques mois de l'élection présidentielle, on ne lance pas de grandes polémiques et on n'émet pas d'opposition enflammée. Seul le délégué général de l'Union nationale des HLM, un certain Robert Lion, écrivit, le 17 février 1981 dans *Le Monde*, à la rubrique « Points de vue », un article intitulé « Sam'suffit à La Défense » : « Les années soixante-dix resteront le temps du pavillon... La Tête Défense offrait l'occasion d'un autre geste. Un geste plus grand : le site est incomparable... Il y a cent ans, une France bourgeoise... s'offrait la tour Eiffel, pari fantastique, pari gagné d'où sortit une figure de légende pour la capitale, appelée à traverser les âges... Saurons-nous aujourd'hui, au soir du millénaire, poser là au couchant de Paris, un jalon de notre histoire ? Rien de cela. Après un premier concours qui vit de grandes et poétiques réponses, il fut décidé de faire petit... On aurait pu, suivant les goûts, parfaire ou racheter La Défense par la tête : la voici quasi décapitée. Plus question de génie : les quelques architectes sélectionnés... n'étaient invités qu'à un exercice d'enjolivures pour fermer un parvis... Pas de débat non plus mais un choix secret... » C'est en 1982 que Robert Lion lance le concours Tête Défense.

Le triomphe du concours international et de l'Arche

Après l'élection du président Mitterrand, Roger Quillot, ministre de l'Urbanisme, annonce l'abandon du projet de Willerval. Le président Mitterrand souhaite, plutôt qu'un immeuble de bureaux, un monument fort et symbolique, en fait un grand geste architectural.

Afin de sortir de l'impasse, un concours international est lancé le 7 juillet 1982 par Roger Quillot et Robert Lion. Le programme « évoque un monument à l'échelle de l'axe, un jalon de l'axe qui ne le ferme pas ».

Ce programme comprend quatre éléments principaux :

- Le Carrefour international de la communication (45 000 m^2) ;
- Les organismes associés à ce Carrefour (30 000 m^2) ;
- Les ministères de l'Urbanisme, du Logement et de l'Environnement (75 000 m^2) ;
- Des commerces et des services (10 000 m^2).

Le jury, constitué de sept architectes de réputation mondiale et de six éminentes personnalités, se réunit du 21 au 28 avril, au sommet de la tour Fiat, dans le superbe appartement d'Umberto Agnelli, patron de la célèbre marque automobile italienne. Les conditions de travail excellentes seront saluées par Renzo Piano : « De toute ma vie, je n'ai jamais passé huit jours si bien organisés. »

Sont attentivement examinés 424 projets (pour 897 inscriptions), représentant 41 pays. Après une première sélection de 171 travaux, puis une deuxième qui ramène le nombre de participants à 58, ce sont 25 candidats qui restent en lice. Finalement, quatre projets sont présentés au président de la République.

L'architecte lauréat, Johann-Otto von Spreckelsen, n'a, en fait, présenté que des esquisses, des dessins, ce qui a créé une certaine attente, traduite par des commentaires du jury : « Ce projet, intitulé "Arc de triomphe de l'humanité" propose un grand portique cubique très faiblement incliné par rapport à l'axe historique. Le jury a primé ce projet pour la clarté de son concept, pour sa force symbolique, pour la simplicité de son expression et pour l'exactitude, en même temps que la poésie qui se dégagent de l'architecture proposée. »

A posteriori, on a l'impression que le jury, les divers commentateurs, spécialistes et journalistes ont été littéralement subjugués à la fois par la force, l'élégance, la pureté de l'esquisse dessinée par l'architecte... dont on ignorait tout de la mise en forme et de la concrétisation pratique.

Le génie de l'architecte est d'avoir compris et respecté l'attachement symbolique et réel du président et des Parisiens à leur longue perspective historique tout en offrant un nouveau repère ouvert sur l'avenir et de nouvelles géographies urbaines.

Chapitre 7

Le triomphe de l'Arche

Dans ce chapitre :

- L'Arche dans sa genèse
- Les ingrédients de l'œuvre
- Les occupants de l'Arche
- L'au-delà de l'Arche

Les 14 et 15 juillet 1989, l'Arche de La Défense était inaugurée après une histoire mouvementée de dix ans. Aujourd'hui, monument incontournable dans le paysage parisien, elle marque une ponctuation tout à la fois élégante et grandiose sur la perspective de l'histoire de la capitale.

Les premiers pas

La présidence de la République communiquait, le 25 mai 1983 : « Le président de la République a apprécié le haut niveau architectural des projets qui lui ont été soumis. Parmi ceux-ci, il a décidé de retenir la proposition de M. Spreckelsen, dont le projet est apparu remarquable par sa pureté, par la force avec laquelle il pose un nouveau jalon sur l'axe historique et par son ouverture. »

Une histoire, marquée pendant trente ans par des rebondissements et des atermoiements, s'achevait et on ne savait pas encore que cette architecture aurait une autre histoire, celle du prolongement de l'axe au-delà du quartier de La Défense.

L'ouverture symbolique de l'architecte danois

Johann-Otto von Spreckelsen présente son projet en ces termes :

« Un cube ouvert
Une fenêtre sur le monde
Comme un point d'orgue provisoire sur l'avenue
Avec un regard sur l'avenir.
C'est un "arc de triomphe" moderne
À la gloire du triomphe de l'humanité,
C'est un symbole de l'espoir que dans le futur,
Les hommes pourront se rencontrer librement… »

Le pari impossible ou l'ouverture de l'Arche

L'apparente simplicité de la forme de l'Arche, la pureté qu'elle impose masquent une complexité extrême dans la conception et la mise en œuvre. Il faut inventer, innover, coordonner avec une exceptionnelle précision et minutie.

Le défi de la construction

La Grande Arche pourrait accueillir dans son espace intérieur Notre-Dame de Paris et sa flèche ; sa largeur égale celle des Champs-Élysées de mur à mur. Quelques chiffres rappellent le caractère exceptionnel de l'œuvre. Le cube s'appuie sur 12 piles enfoncées dans un entrelacs de réseaux de toute nature à 14 m au-dessous du sol. Trois cent mille tonnes reposent sur ces 12 piles, certaines piles supportant une charge de 30 000 t, soit le poids de 4 tours Eiffel. D'une hauteur de 110,90 m, les côtés du « carré » mesurent 112 m (est-ouest) par 106,90 m (nord-sud).

L'architecte danois et son ingénieur de structures, Erik Reitzel, ont choisi le béton. Le cube est donc charpenté autour d'une ossature de béton armé, la « mégastructure », rendue solidaire par des doubles planchers et 4 poutres perpendiculaires enfoncées dans le socle formant ainsi des cadres de 21 m par 21 m, de 7 niveaux chacun. Lors de la construction, afin d'éviter tout enfermement vers le centre des parois, de gigantesques butoirs en acier de 90 t sont installés aux niveaux 7 et 14. La construction du plateau supérieur relève du défi : à 120 m de hauteur, les ingénieurs ont construit des poutres de 70 m de portée, ajustées au millimètre près. Couler le béton au sol, puis lever les poutres au sommet étaient bien trop périlleux. On préfère la solution du coulage des poutres sur le toit. Un cintre de 260 t, destiné à servir de fond de moule des poutres, est alors construit, puis hissé au sommet de l'Arche pour être installé sur des fûts de grues mobiles d'une parfaite stabilité. Des « hyperbétons » sont d'ailleurs créés pour l'occasion, d'une très grande résistance et plasticité pour être pompés jusqu'à 100 m de haut.

Les tyranniques impératifs délais de construction imposent une synchronisation parfaite du chantier. L'édification des deux parois verticales succède au coulage des piles alors que la base du socle commence à apparaître. Les étages inférieurs sont quasi achevés alors que le travail de gros œuvre débute au sommet.

L'Arche est une sorte de paradoxe : malgré ses 300 000 t, elle donne une sensation à la fois de force et de légèreté. En outre, elle est évidente et remet de l'ordre dans un environnement confus qui n'avait pas trouvé son point d'équilibre. Pourtant, cette impression d'aller de soi est démentie par les étapes difficiles traversées par cet exceptionnel chantier.

Les aventuriers de l'Arche retrouvée

Dès janvier 1984, l'architecte danois s'associe à Paul Andreu, ingénieur en chef des Ponts et Chaussées, polytechnicien et architecte (Grand Prix national d'architecture 1977). C'est un spécialiste des aéroports internationaux et, à cette époque, il dirige le bureau d'études de la société Aéroports de Paris.

Le marché d'ingénierie est signé le 14 mai 1984 par J.-O. Spreckelsen, Paul Andreu et l'entreprise Coyne et Bellier, spécialistes des grands ouvrages et structures et de la géotechnique.

La demande de permis de construire est signée le 22 août. En septembre est créée la société d'économie mixte nationale Tête Défense, présidée par Robert Lion – directeur général de la Caisse des dépôts et consignations – et dirigée par Jean-Louis Subileau. Le capital de cette maîtrise d'ouvrage est détenu par l'État, la Caisse des dépôts et consignations, des banques (Crédit lyonnais, Banexi/BNP), des compagnies d'assurances, l'Institut national de la communication audiovisuelle et l'EPAD.

Le 25 mai 1985, l'entreprise Bouygues est choisie pour le gros œuvre et une cinquantaine d'entreprises participent au chantier. Le 9 juillet, le président de la République pose la première pierre. Le 27 août, le permis de construire modificatif est signé par J.-O. Spreckelsen et P. Andreu. Le 16 avril de l'année suivante, le gouvernement renonce au Carrefour international de la communication (CIC ou CICOM), auquel l'architecte danois tenait tant.

L'aventure dans l'aventure : le Carrefour international de la communication

Le CIC ou CICOM doit être une prestigieuse vitrine culturelle et scientifique du plus grand quartier d'affaires européen. Le communiqué officiel de la présidence de la République du 9 mars 1982 souhaite ouvrir la France sur les cultures du monde entier et diffuser « à travers l'univers les messages dont notre pays est porteur ». C'est le message fort auquel l'architecte est très attaché. Son œuvre est avant tout l'« arc de triomphe de l'homme ». De 1982 à 1986, les idées se succèdent, les présidents du Carrefour se suivent, proposant des lieux d'exposition et de spectacles, des « centres de ressources », des « showrooms », des centres de communication ou plutôt d'affaires qui pourraient accueillir IBM, la Metro Goldwyn Mayer, des agences de presse...

Fâché par les oppositions nombreuses à ses idées et à certaines de ses propositions, Johann-Otto von Spreckelsen laisse son chantier à son associé, Paul Andreu, « père » de l'aéroport de Roissy. Puisque le monument qu'il a dessiné est « devenu un *big business* », un protocole de retrait de J.-O. Spreckelsen est signé le 31 juillet 1986 entre le maître d'ouvrage et les architectes. Le 17 octobre 1986, J.-O. Spreckelsen fait sa dernière visite sur le chantier. Il mourra au Danemark le 16 mars 1987.

Le 25 juin 1987, le cintre de construction du toit est mis en place. La pose des premières plaques de marbre blanc débute en juillet. Le 1er juillet 1988, le gros œuvre est achevé après trois années de travail.

Les travaux concernant l'aménagement des espaces du vide intérieur – emmarchements, nuage, socle et foyer – débutent en novembre 1987 et janvier 1988.

Au plus fort de la construction, 1 000 personnes, dont 150 ingénieurs et techniciens, étaient sur le chantier. Jean Bard, ingénieur chez Bouygues, traduit l'ambiance générale : « Les techniciens de l'entreprise ont été passionnés par cet ouvrage qui a fait franchir une nouvelle étape aux techniques du bâtiment, car il représente le sommet des difficultés que l'on puisse rencontrer simultanément. »

Le 14 juillet 1989, la Grande Arche est inaugurée par le président de la République François Mitterrand, à l'occasion de la tenue du Sommet des chefs d'État des sept pays du G7 et du bicentenaire de la Révolution française (voir chapitre 19).

Dans son éditorial du 21 juillet 1989, *Le Moniteur* fait éclater son enthousiasme : « Jeune, belle et déjà célèbre… la Grande Arche apparaît donc aujourd'hui comme un formidable faire-valoir des techniques de construction françaises ; une vitrine en vraie grandeur. »

Les composants de l'Arche

Tout ce qui confère à l'Arche son élégance a été conçu et travaillé avec un soin et une originalité incomparables. Le toit et le socle ont connu, quant à eux, des histoires variées et souvent épiques.

Des façades de marbre et de verre

L'obstination et l'exigence de qualité de l'architecte Spreckelsen s'affirment particulièrement dans la réalisation des façades.

Elles se devaient d'être parfaitement traitées, assemblées avec le plus grand soin, afin d'obtenir l'aspect lisse, uniforme et d'une grande pureté que l'on connaît aujourd'hui en regardant l'Arche de près ou de loin. La mission impartie à l'architecte est de « faire des façades dont on ne voit plus un bout de béton » : un pari extraordinaire.

Quelque 2 450 panneaux de 800 kg sont posés. Les qualités respectives des verres intérieurs et extérieurs devaient éviter de transformer l'ensemble en capteur solaire et les bureaux en véritables serres.

Entre les deux pieds massifs de l'Arche, un nuage

L'architecte souhaitait inventer un complément harmonieux aux lignes rigoureuses de l'Arche. Bien sûr, il ne voulait pas occulter ou boucher, mais occuper ce grand espace noyé de ciel et de nuages. Il eut l'idée d'ajouter un nuage d'artifice afin de rompre les verticalités et de protéger le plateau. À l'origine, il souhaitait construire une structure de pans brisés en verre et acier suspendue par des câbles. Face aux difficultés à la fois techniques, de coût et de sécurité, deux ans plus tard, il étudie avec Paul Andreu et Peter Rice un projet de toile tendue.

Paul Andreu justifie de manière poétique ce choix : « Les nuages donnent une échelle humaine à un espace hors d'échelle [...]. Vision de nuages, de paquets de brume, flottant dans les grands arbres. » Mais, avant tout, « les nuages ont d'abord des fonctions pratiques d'abri et de brise-vent ».

À l'instar du bâtiment lui-même, la prouesse technique est étonnante : conçue totalement par ordinateur, la toile doit absorber les variations climatiques, les déformations aux vents, aux chutes de pluie et... laisser passer la lumière du jour et l'éclairage indirect qui anime le vide pendant la nuit par de grands hublots de verre.

Les concepteurs mettent au point un arsenal de tubes d'acier de 15 cm de diamètre, de câbles en acier prétendu, de bielles, de rotules, de cardans, qui soutiennent des pièces de toile de 9 à 20 m^2 entre 15 et 33 m de hauteur au-dessus du parvis.

L'orientation, la mobilité, les jeux avec le soleil, les ombres, la nuit et le jour, la pluie ou la neige donnent à ces morceaux de toile une réelle qualité aérienne, voire arachnéenne.

Le toit de la Grande Arche

À l'histoire mouvementée, au destin ambigu, le toit est un espace étrange, entre ciel et terre, un espace puissant et fort par la sobriété des matériaux, par la mise en valeur du béton brut, par la pureté des formes, par son accessibilité parfois difficile lors de manifestations très fréquentées.

Un premier élan

Le toit de la Grande Arche devait être primitivement occupé en 1981 par le Carrefour international de la communication : lieu consacré à la recherche mais devant aussi contribuer « au rééquilibrage des flux d'information », à favoriser « des collaborations à l'échelle internationale avec d'autres lieux aux objectifs similaires » ; la France transmettait à partir de là « à travers l'univers le message dont le pays était porteur ».

Les droits de l'homme prennent le dessus

Les espaces futurs du toit échappent de justesse aux appétits de sociétés et de promoteurs de tout acabit, grâce notamment au président de la Fondation des droits de l'homme et des Sciences de l'humain, Edgar Faure, qui émet alors l'idée, en mai 1987, que la Grande Arche pourrait être au bicentenaire de la Révolution française ce que la tour Eiffel fut au centenaire. Edgar Faure obtient que le toit reste la propriété de l'État et il y installe la Fondation des droits de l'homme et des Sciences de l'humain.

Présidée par Claude Cheysson, la Fondation de l'Arche de la Fraternité contribue à la défense des droits de l'homme dans nos sociétés. Apportant son appui à des organisations qui défendent ces droits, elle organise des expositions, des conférences, des colloques internationaux. Son indépendance, à l'origine assurée par le statut juridique spécifique aux fondations et par des ressources propres alimentées par les mécènes fondateurs et les recettes d'exploitation des espaces du toit, devient rapidement fragile et sa légitimité mal assurée.

Les lieux du toit

Le toit est constitué d'un belvédère, de salles de conférences, de salles d'exposition et de patios. C'est sur ce sol de granit et de marbre que Jean-Pierre Raynaud, artiste passionné du carré, grave les signes du zodiaque afin de créer un « réel dialogue » entre « l'architecture majestueuse et monumentale » de la Grande Arche et la voûte céleste, véritable architecture naturelle. Attiré par « la tentation de montrer l'importance du visible et du non-visible », il inscrit dans l'édifice l'orientation précise de la carte du ciel en marquant l'Est, degré zéro du Bélier.

Le toit de la Grande Arche, qui abritait les musées du Jeu vidéo et de l'Informatique et un restaurant gastronomique, a été fermé au public début avril 2010, à la suite d'un accident survenu sur un ascenseur conduisant au sommet du monument le plus visité des Hauts-de-Seine. Il est désormais fermé au public.

Le socle

Le socle, d'un volume identique à celui du toit, s'inscrit dans l'épaisseur des emmarchements monumentaux de l'Arche. Il comporte de vastes espaces d'exposition et d'animation : huit grandes salles carrées de 20 m de côté et une salle d'exposition de 70 m sur 120 m de long. Au centre, des Escalators et des escaliers suspendus permettent d'accéder au parvis.

Ce socle a connu une histoire bien mouvementée.
En mars 1987, le ministre de l'Équipement, Pierre Méhaignerie, annonce que son ministère s'installera dans la Grande Arche et une Fondation européenne de la ville et de l'architecture

(FEVA) dans le socle. « Entre le toit du RER et le parvis, il existe d'immenses espaces de structures cyclopéennes, rappelant quelque cathédrale abandonnée », insiste Joseph Belmont, ancien président de l'EPAD.

Le projet étant rapidement délaissé, le socle accueille finalement l'étonnante exposition « La traversée de Paris », dont l'objectif est d'utiliser l'axe Bastille-La Défense comme le révélateur de l'ouverture de Paris des Tuileries à l'Arche. Préparée par François Barré pour l'inauguration de l'Arche, l'exposition est une production de la société anonyme de la Grande Arche de La Défense (SAGA Défense), filiale commune du groupe Maxwell Communications et de la Caisse des dépôts et consignations.

Après bien des étapes, et notamment le projet d'un Salon de l'automobile, décliné sous différents aspects, un grand centre d'information et de documentation sur l'Europe – Sources d'Europe – est inauguré, le 18 mars 1994. Ce centre, installé sur 4300 m², comprend une médiathèque, une salle d'actualités, une salle de conférences et un espace pour les enfants. L'architecture y est accueillante et spacieuse : Sources d'Europe s'est fixé pour objectif de recevoir plus de 150000 visiteurs par an ! Mais, faute d'une fréquentation suffisante, ce lieu a fermé ses portes (voir chapitre 17).

Aujourd'hui, le socle de l'Arche est devenu un lieu universitaire occupé par l'Institut d'économie scientifique et de gestion (IESEG), une antenne de la Faculté libre de droits (Institut Catholique de Lille) et l'École supérieure de l'électronique de l'Ouest (antenne d'Angers).

Les « collines »

On aurait tendance à oublier que la Grande Arche est flanquée de part et d'autre de « collines ». En effet, pour rentabiliser l'opération Tête Défense, 120000 m² de planchers ont été ajoutés à ceux du cube. L'ensemble est connecté en sous-sol pour former un ensemble cohérent. Les collines sud renferment, par exemple, des locaux techniques et des parkings destinés à la Grande Arche.

À la simplicité apparente des collines en surface répond une grande complexité des cinq niveaux de sous-sol, tenant compte des multiples réseaux enterrés et des voies de communication. En sous-sol, des circulations piétonnes relient les collines sud, l'Arche et les collines nord. Les bâtiments qui constituent les collines, conçus par l'architecte Jean-Pierre Buffi, ressemblent à quatre lames perpendiculaires à l'axe historique parisien, séparées par le cube pour former d'une part les collines sud, d'autre part les collines nord.

Les collines ont bien sûr évolué entre 1984 et 1986, mais leur conception finale a été bien accueillie par l'architecte de l'Arche, qui les considérait comme des contrepoints formant un fond sur lequel se détachait la massivité du cube.

Les locataires de l'Arche

L'Arche fut occupée dans la jambe gauche et en partie dans la droite par le ministère de l'Équipement, le principe retenu consistant à regrouper toutes les directions jusque-là dispersées. Les bureaux laissés vacants par le ministère furent occupés par des sociétés et des entreprises privées.

Le ministère de l'Équipement

Peu de temps après son élection à la présidence de la République et dans l'instant où il décide de relancer un concours d'architecture pour la Tête Défense, François Mitterrand annonce que le programme de cette nouvelle opération comportera le Carrefour international de la communication, projet phare du nouveau septennat qui doit mettre la France au centre de la nouvelle civilisation des médias, et le ministère de l'Urbanisme et du Logement de Roger Quillot.

Cette décision de 1982 est le fait fondateur de l'installation à La Défense du ministère de l'Équipement, qui était principalement localisé dans les locaux prestigieux de l'hôtel de Roquelaure, boulevard Saint-Germain, et dans « les baraquements provisoires » du quai de Passy. Ces derniers feront l'objet d'une opération immobilière publique-privée, novatrice en l'espèce et qui permettra de contribuer aux frais d'acquisition de la paroi sud de l'Arche.

Après l'abandon, en 1986, du projet de Carrefour international de la communication, la décision d'établir le ministère de l'Équipement à l'endroit de l'opération Tête Défense est confirmée par Pierre Méhaignerie, alors ministre de l'Équipement, du Logement, de l'Aménagement du territoire et des Transports.

L'État exemplaire

Cette installation devra être l'occasion d'une action spectaculaire de modernisation de l'administration centrale du ministère de l'Équipement. L'emménagement de ce ministère à La Défense, dans le sanctuaire de la vie économique du pays est, en effet, très symbolique d'une volonté politique claire et forte.

Les preuves de la réussite

La lisibilité internationale et l'image prestigieuse apportées par l'implantation dans la Grande Arche sont très bien exprimées dans une brochure du ministère préfacée par Michel Delebarre et rédigée en anglais, « Your french partners », qui s'adresse au monde économique international et présente cette vitrine des savoir-faire français prêts à s'investir à l'étranger.

Les autres occupants

Entreprises et sociétés s'installent dans l'immeuble nord de la Grande Arche, comme Axa, la Caisse des dépôts et bien d'autres… Mais la différence essentielle avec l'immeuble sud, réservé au ministère, consiste en l'absence d'une fresque comme celle du peintre Jean Dewasne, présente à chaque étage et créant un lien invisible d'appartenance à une même réalité mais jamais perceptible dans sa totalité.

La SEM Tête Défense a obtenu des investisseurs qu'ils achètent 40 œuvres pour marquer la spécificité de leur présence, ceux-ci refusant toute possibilité d'être dominés par une sorte d'idée fédératrice. L'équipement informatique n'est pas non plus le même, l'État a choisi Thomson, les privés Matra.

Depuis 1985, des millions de visiteurs sont venus visiter la Grande Arche. En 1986, plus de 1 000 personnes par jour ont visité une grande salle où étaient exposés des esquisses, des dessins, des schémas, des plans et des maquettes des différentes parties de l'Arche.

De nombreuses personnalités politiques, du monde économique, de la maîtrise d'ouvrage comme de la maîtrise d'œuvre, de la communauté internationale de l'architecture ont, par leur présence, célébré le monument.

L'au-delà de l'Arche

Au-delà des ascenseurs de l'Arche, vers l'ouest, sans arrêter le regard, un paravent élégant en verre – sorte de labyrinthe dans lequel s'amusent les enfants et se cherchent les amoureux – arrête les gouttes de pluie et atténue les effets des turbulences du vent.

Symétrique à la construction vers Paris, un grand emmarchement offre un étonnant regard vers les abords de la ville désordonnée, les cimetières, une centrale de chauffage urbain accidentée, des constructions en cours d'achèvement, des tours, la future université privée du président du conseil général des Hauts-de-Seine, un tronçon d'autoroute, des entrepôts… C'est aussi là que des couchers de soleil étonnants s'expriment à travers ce fatras de morceaux de la ville des franges. Cette vision d'il y a vingt ans apparaît aujourd'hui bien plus lointaine et complètement surannée.

Sur les marches, comme un rappel de son installation en contrebas de l'esplanade de La Défense, face à l'Arc de Triomphe, le sculpteur Takis a implanté des signaux lumineux (voir chapitre 18). Quand, en 1983, François Mitterrand a fait le choix de l'Arche, il avait sans doute la vision de permettre le prolongement de la longue perspective inscrite dans le paysage de Paris. Cependant, il ne s'agissait pas seulement de poursuivre l'axe par la fenêtre ouverte de la Grande Arche, mais de réaliser une opération d'aménagement urbain et économique importante.

Le grand projet continue...

Le 1er août 1990, le Premier ministre, Michel Rocard, et son ministre de l'Équipement, Michel Delebarre, livrent les orientations futures du grand projet qui ira jusqu'à la Seine.

Après une longue période de résistance, confusion, discussion, réparation, l'Établissement public d'aménagement Seine Arche (EPASA) est créé en 2000 (voir chapitre 11). Un nouvel esprit de partenariat entre l'État et la commune de Nanterre permet la concertation, l'échange et offre le temps de la réflexion sur la pertinence du projet.

En 2002, afin de définir une stratégie urbaine et pour que ce lieu retrouve liens et échanges avec des espaces dont il était séparé, l'EPASA lance, plutôt qu'un concours d'urbanisme, une consultation. L'agence Treuttel Garicias et associés conçoit dans le prolongement de l'axe un vaste espace central de 70 à 110 m de large, équivalent à l'avenue Foch ou à deux boulevards haussmanniens et constituant une sorte de colonne vertébrale découpée en 20 terrasses et épousant la topographie du terrain, et marqué par un dénivelé de plus de 45 m ; les terrasses permettent entre chaque marche des liaisons transversales.

Ce grand espace public a exigé « une recherche obstinée pour retrouver le relief, créer un lieu lisible mémorable », comme l'affirme Jérôme Treuttel. Les Terrasses créent du lien, là où il n'y avait que chaos et discordance, et sont dominées par l'élégante silhouette de la Grande Arche, regardée autrement. Cette réalisation, véritable épine dorsale du territoire de la commune de Nanterre, à laquelle se relient les autres quartiers, crée une fluidité bienveillante à la fois entre les fonctions, les usages, mais aussi les hommes et les mixités sociales.

... dans la diversité de ses fonctions

Les objectifs de la réflexion territoriale ont permis de mettre en synergie les pôles forts existants (administratif, universitaire et tertiaire), d'assurer le désenclavement des quartiers et leur développement et d'attendre une mixité fonctionnelle et sociale à l'échelle de chaque quartier.

À la fois enjeu local et métropolitain, orientation majeure de la commune de Nanterre et grand axe d'intérêt national, le développement de Seine Arche doit s'élaborer dans son rapport à La Défense, aux différents quartiers et aux bords de Seine. En outre, ces opérations sont menées et exécutées avec rigueur et qualité dans le souci constant du développement durable.

Deux chantiers importants auront des effets considérables non seulement sur Seine Arche, mais aussi sur le territoire métropolitain : c'est Arena 92, l'équipement culturel et sportif, notamment pour le Racing Métro 92 (rugby), d'une surface de 110 000 m^2 et pouvant accueillir jusqu'à 35 000 spectateurs lors de rencontres sportives, de concerts ou de grandes réunions de toute nature. Des bâtiments destinés pour l'essentiel à des activités de loisirs, d'hôtellerie, à des bureaux et à des commerces accompagnent cet équipement, entièrement financé par un groupement d'investisseurs privés, qui devrait être inauguré en 2014.

L'autre chantier consiste en la construction de connexions de transports d'une très grande efficacité. Après la gare multimodale de Nanterre-Université, totalement rénovée, et celle de Nanterre Préfecture, modernisée et sécurisée, celle du Cœur Transport La Défense et celle de la future gare Nanterre-La Folie accueilleront les nouveaux réseaux de transport : prolongement de la ligne T1, Eole, Grand Paris Express…

Sans entrer plus avant dans ce projet urbain de Seine Arche, la longue histoire de cette longue perspective se prolonge. Aussi, malgré les latences, les crises et les compromis, le fil en ligne droite de l'histoire poursuit sa route. « Il est évident qu'une nation en train de se faire et de se refaire n'est pas un personnage simple, "une personne" comme le disait poétiquement Michelet. Elle est une multitude d'êtres vivants » (Fernand Braudel, *L'Identité de la France*, 1988, cité par Marcel Roncayolo dans *Territoires en partage*, 2006).

Troisième partie

De la dalle et des grandes hauteurs

Dans cette partie...

Le lecteur sera invité à découvrir l'horizontalité (ou presque) et la verticalité de ce site. Les très grandes hauteurs sont « apprivoisées » au sol par un parterre de sculptures de très belle qualité.

Chapitre 8

L'urbanisme de dalle

Dans ce chapitre :

- À La Défense, on a la dalle
- Ce n'est pas que dalle! c'est toute une histoire
- Les tripes de La Défense

La construction de la dalle de La Défense, par son caractère radical et volontariste, permet de disposer d'un socle physique et symbolique pour l'édification du quartier. Les circulations de toute nature sont en fait cachées, séparées du monde de la surface où circulent librement les piétons. Sur ce vaste espace en pente de 30 ha, logements et bureaux sont répartis avec la meilleure disposition possible et, en son centre, entre les rangées d'immeubles, des séquences de paysages différents rompent une éventuelle monotonie.

La circulation, un problème de taille

Le plan de 1956 concernant « l'aménagement de la région de La Défense » intéresse des parties du territoire des communes de Courbevoie, Nanterre et Puteaux. Le plan d'urbanisme intercommunal prévoit la création d'une nouvelle voie de 140 m de large allant vers Saint-Germain-en-Laye. Le passage d'une liaison ferroviaire à grand gabarit en souterrain desservira le rond-point de La Défense.

Le CNIT est inauguré en 1958 (voir chapitre 5) et la société Esso achète un terrain dès 1957 pour construire le premier immeuble de La Défense. Les architectes du CNIT – Camelot, de Mailly et Zehrfuss – sont également les auteurs d'un plan-masse ordonnant de part et d'autre de l'avenue des tours de 12 étages alternant avec des immeubles bas, dont l'implantation un peu monotone les apparente à des dominos plantés artificiellement.

Les avis, recueillis auprès de la commission départementale des sites du département de la Seine et du conseil général des bâtiments de France, préconisent que la grande voie ait « un caractère de voie urbaine » et que soit créée au nord du CNIT « une véritable place traditionnelle, hors de la circulation ».

La création de l'EPAD, en 1958, apporte la distinction entre infrastructures alors réalisées par l'EPAD, et superstructures réalisées par les constructeurs détenteurs des permis de construire.

Mais, rapidement, il apparaît difficilement concevable de réaliser un quartier d'importance coupé en deux par un flot de 60000 véhicules par jour. Les accès doivent être différenciés : la circulation à grande distance et desservant Paris emprunterait l'avenue, le trafic régional se séparerait en deux branches au niveau du rond-point et la desserte locale serait assurée par des voies de ceinture autour du quartier.

Les ingénieurs des Ponts et Chaussées refusent cette option de l'EPAD qui briserait de manière brutale la continuité de l'axe historique. La solution peut être trouvée par une mise en souterrain des voies à longue distance et régionales. Mais la question de la circulation des piétons reste entière.

La solution, c'est la dalle

La dénivellation de 21 m entre le sommet de la butte de La Défense et le niveau de la Seine permet l'aménagement d'un vaste plateau – une dalle de béton – et la séparation des types de circulation. À chaque usage correspond un système de voies.

Un plan d'aménagement est adopté par décret en décembre 1964. Il comprend, sur une longueur égale à celle des Champs-Élysées, « un ordre majeur » (750000 m^2 de tours de bureaux limitées à 25 étages), « un ordre moyen » (immeubles d'habitation de 5 à 12 étages formant des ensembles fermés autour de jardins intérieurs) et « un ordre bas » (commerces au sol, le long de rues et de places marchandes).

De la dalle centrale, Robert Auzelle dira : « Convenons que la vaste plate-forme présentera au regard de tous les horizons le magnifique jardin qu'il reste à créer. Une réplique du jardin des Tuileries est en train de naître, c'est ainsi que nous avons conçu notre fidélité envers Paris, sa tradition et son avenir. »

Vingt hectares de jardins et d'espaces publics pourront alors être conçus. Le grand paysagiste américain Dan Kiley, concepteur du grand axe de Washington, s'interroge, en 1970 : c'est évident ! « Pourquoi aller chercher ailleurs ce que vous avez sur place, votre Paris est en forte majorité marqué par Haussmann et ses alignements d'arbres. Il y a une quarantaine de milliers de platanes plantés dans Paris, pourquoi ne pas utiliser ce matériau que vous avez sur place et, ainsi, rattacher La Défense à Paris ? »

La Défense s'impose comme une création constituée par une dalle et un système complexe de circulation, ce qui n'était pas une innovation, le concept de dalle existant déjà comme système urbain depuis une bonne trentaine d'années.

De la charte d'Athènes à l'urbanisme de dalle

Comment est-on passé du plan à l'axonométrie, de la composition urbaine à la mécanique des systèmes ? C'est une longue histoire si l'on considère que l'origine de la charte d'Athènes (éditée en 1943) remonte à la rencontre du Congrès international de l'architecture moderne (CIAM) de 1933, à Sarraz (Suisse). L'auteur principal des règles émises à cette occasion est Le Corbusier, hanté par l'image de la ville traditionnelle, congestionnée, insalubre, impropre à la modernisation nécessaire à notre siècle.

Ses principes sont énoncés dans son ouvrage majeur *Urbanisme* (1924) et assénés avec une violente certitude : il prône notamment la ligne droite, la hiérarchie des voiries et le zonage urbain séparant les fonctions ainsi que les villes tours. Ils seront illustrés dans le Plan Voisin, de 1925, qui prévoit notamment trois niveaux de circulation : voie rapide, desserte locale et cheminements piétons…

La charte d'Athènes, publiée en 1943, constituera la doxa commune du mouvement moderne et inspirera les architectes de la reconstruction avant de régir nombre de grandes opérations des trente glorieuses. Des architectes, fussent-ils Prix de Rome comme le trio Camelot, de Mailly et Zehrfuss, adapteront leur culture académique de la grande composition urbaine à la mode de la charte d'Athènes.

Des architectes et des ingénieurs

S'agissant de La Défense, dont les architectes-conseils comme Robert Auzelle ou les trois Grands Prix de Rome ont défini les traces et le plan-masse, on va assister à une véritable révolution copernicienne. On passe de la composition urbaine, monumentale et ordonnancée en plan à une conception axonométrique et mécanicienne.

Toutefois, Robert Auzelle avait eu la prémonition de la solution par la dalle pour assurer le fonctionnement du quartier, et il avait envisagé de glisser sous le CNIT les parkings et les réseaux techniques. On pourra parler de « non-lieux », voire de « trous noirs » pour qualifier les imbrications complexes des espaces souterrains, répondant à la logique de la mécanique et de l'ingénierie complexe des flux et des transits, en total contraste avec la fluidité et la simplicité des espaces en surface.

Des juristes, des notaires et des géomètres

Le foncier de la dalle est sens dessus dessous, le droit du haut n'est pas le droit du bas : entre le fonds et le tréfonds, c'est l'incommunicabilité. Le droit immobilier français n'est pas fait pour les dalles, c'est un droit du sol, même s'il connaît la spécificité de l'exploitation des mines et des sources thermales. Or, l'urbanisme de dalle repose sur un système foncier qui juxtapose, imbrique et mélange des espaces soumis à la domanialité publique et des espaces soumis à la domanialité privée, dont les règles de gestion sont totalement différentes.

Les juristes, notaires et géomètres se sont évertués à imaginer des règles spécifiques permettant de résoudre les problèmes posés par l'imbrication sur un même terrain de domaines privés (bureaux, logements, hôtels) et de domaines publics (autoroutes, parkings, voies ferrées), tous incompatibles avec les solutions juridiques traditionnelles, qu'il s'agisse de la division du parcellaire, de la copropriété, de la loi du 10 juillet 1965 ou du bail à construction. C'est ainsi que « l'ancien droit de superficie dissociant le dessus (superficie) et le dessous (tréfonds) va être dépoussiéré et remplacé par la division en volumes. Cette technique consiste à diviser la propriété d'un immeuble en fractions distinctes, strictement définies en trois dimensions au moyen de plans et de coupes transversales précises. Ces volumes bien repérés géométriquement s'insèrent dans des réseaux de servitude.

Cette démarche foncière, originale, a laissé la quasi-totalité du sol à l'aménageur, ne cédant aux investisseurs qu'un nombre de mètres carrés définis à l'intérieur d'un volume borné dans les trois dimensions à un prix négocié en fonction du marché.

Avec le recul de cinquante ans, le concept présente deux avantages majeurs en termes de développement durable : il a d'abord bloqué pendant les premières années toute tentative de spéculation foncière, ensuite, il a laissé à l'aménageur la maîtrise du sol, donc de la stratégie et du développement à très long terme » (Rémi Masson, architecte et ancien directeur de l'architecture et de l'urbanisme à l'EPAD).

Les juristes ont ainsi imaginé une structure juridique originale qui est l'organisation en « volumes immobiliers », combinant le concept très ancien de volume immobilier avec celui, innovant, d'un réseau de servitudes, « nécessaire pour permettre la coexistence de l'ensemble des volumes immobiliers ». La propriété se trouve désormais définie dans un espace à trois dimensions, « à la fois par une surface de base, mais aussi par des surfaces inférieures ou supérieures au niveau du sol, mais indépendantes du sol » (Claude Garreau, géomètre expert).

Cette innovation juridique a permis la mise au point du concept d'ensemble immobilier complexe conduisant à la procédure du plan de masse du 7 mars 1963, approuvé par le ministre de la Construction après avis du Comité d'aménagement de la région parisienne.

La possibilité d'une île

Comme une île ou un château fort, le quartier de La Défense est borné. Il s'inscrit dans un périmètre en forme de poire ou de guitare cerné par le boulevard circulaire, sorte de douve. De plus près, c'est un paquebot avec ses multiples ponts qu'enserre le boulevard circulaire, manifestant clairement la séparation d'avec l'existant, l'environnement, le site. Le quartier de La Défense est un objet fini que seule la volonté toute récente de le remettre en cause et de prolonger le quartier vers la Seine va transformer en dynamique urbaine.

Comme l'a écrit Simon Texier, historien de l'architecture, en évoquant la forme d'une île et la « possibilité d'une ville » à propos de l'histoire architecturale de La Défense : « La Défense d'il y a trente ans, celle de *Buffet froid*, de Bertrand Blier (1979), pouvait être perçue comme une île, une hétérotopie marginale, une invitation faite à des Rousseau contemporains, à des promeneurs solitaires en quête de rêveries d'un nouveau type. »

Des chiffres très évocateurs

La surface du quartier d'affaires de La Défense s'étend sur 160 ha, dont 30 ha sur dalle.

Sur la dalle : 580 000 m² de logements ; 3 200 000 m² de bureaux ; 230 000 m² de commerces dont 130 000 m² pour le centre commercial des Quatre Temps ; 170 000 salariés ; 20 000 habitants ; 2 500 entreprises ; 1 500 sièges sociaux.

En sous-sol et jusqu'à 7 niveaux, non compris les galeries techniques : le premier complexe de transports d'Europe (voies ferrées, RER ligne A, métro, ligne SNCF Saint-Lazare – Versailles – Saint-Nom-la-Bretèche, tramway T2, bus) ; l'autoroute A14 ; les échangeurs souterrains avec la RN13 et la RN192 ; la voirie de transit et locale, les voies de desserte intérieures ; le boulevard circulaire ; l'accès taxis ; la desserte marchandises et l'évacuation des déchets ; l'accès VIP ; des parcs de stationnement (37 000 places au total, dont 13 000 privées et 24 000 publiques).

Des séquences variées rythment la grande perspective

Du pont de Neuilly à l'Arche, les 30 ha de la dalle s'articulent autour d'un gigantesque espace public consacré aux seuls piétons (et voies pompiers). La dalle est organisée en séquences qui résultent d'une convergence de conception entre les architectes, les ingénieurs et le génial paysagiste Dan Kiley (1912-2004), inspiré à la fois par la géométrie et par la nature, par Le Nôtre et par Le Corbusier. Ces espaces pourront être identifiés en plusieurs séquences différenciées :

- **L'infranchissable imbrication du carrefour du pont de Neuilly :** situé entre l'autoroute A14, le boulevard circulaire, le métro aérien et les quais de la Seine, il affirme l'isolement du quartier de La Défense par rapport à Neuilly et à Paris pour un éventuel piéton aventureux ;
- **La vigne :** dans le clos de Chantecoq, à partir de 350 pieds de chardonnay et 350 pieds de pinot noir, la récolte 2010 s'est faite à la main et les quelque 100 bouteilles produites ont été vendues au profit d'œuvres caritatives (voir chapitre 19) ;
- **Defacto La Gallery :** ce lieu d'exposition propose aux habitants, aux salariés et aux visiteurs de La Défense une offre culturelle qui se veut innovante, et des manifestations en partenariat avec le Centre national d'arts plastiques (CNAP) ;
- **Le bassin du sculpteur Takis :** il forme une première halte de beauté et de contemplation de l'axe historique, et dont l'échelle restitue une aménité urbaine entre la grande échelle de l'agglomération, rendue ici lisible dans son développement historique, et l'échelle humaine du piéton (voir le chapitre 18) ;
- **L'esplanade :** marquée par l'intervention du paysagiste américain Dan Kiley, elle allie avec ordre platanes, bosquets, pelouses, vergers, espaces de repos et de distraction, sans compromettre la logique minérale dominante de la dalle et l'esprit du mouvement moderne ; l'usager comme le touriste y trouvent un centre d'information et un musée ;
- **Les terrasses :** leur surface totale représente 2 700 m^2 ;

- **Le parvis :** il s'étend sur 8,5 ha dans sa partie centrale. C'est un espace majeur, encadré par la Grande Arche, le CNIT et le centre commercial des Quatre Temps ;
- **Les places plus intimes :** elles complètent la déambulation du piéton : place des Saisons, place Jean-Millier, cours Valmy…

Les dessous chics et les mal-aimés

En souterrain se trouve le réseau de voirie des transports en commun, distribué par la grande salle d'échanges entre RER, métro, Transilien, tramway et bus. La hiérarchie des voiries comprend les dessertes locales, situées sous la dalle : desserte des bâtiments, accès aux parkings, desserte des quais de transport des marchandises. Ce système de caractère domestique est complété par les grandes voies que sont les autoroutes : A14 accessible par le tunnel de La Défense avec des sorties vers Courbevoie et Puteaux-Nanterre, boulevard circulaire assurant la desserte du quartier et les liens vers les communes voisines.

Pour des raisons peu élucidées, les soins apportés au traitement des fonctions de transport sont différents selon leur importance technique et symbolique ; ainsi, le RER, transport considéré à juste raison comme innovant et significatif de la place de La Défense dans l'agglomération de Paris, bénéficie d'un traitement privilégié, en partie centrale, ainsi que l'immense salle d'échanges, sorte de « place royale ». La gare SNCF est traitée comme une gare de banlieue, un peu à l'écart. Quant à la gare routière, elle est à la fois éclatée en plusieurs points et marginalisée.

La peau de dalle

En surface, on est dans une composition ordonnancée, calme, jalonnée par des perspectives, des axes, des monuments, des bassins et des jardins. Le vocabulaire renvoie à la ville traditionnelle.

Comme l'a écrit Michel Moritz dans le n° 266 d'*Urbanisme* (septembre 1993) : « La dalle ou niveau réservé aux piétons, espaces sans trottoirs, sans rues, étranger aux formes de la ville traditionnelle, lui emprunte pourtant son vocabulaire : à La Défense, il y a un parvis, une esplanade, des places et des terrasses qui vivent à leurs propres rythmes, plus perceptibles ici qu'ailleurs. »

Les tripes de La Défense

Sous la dalle, on est dans un tout autre univers, infiniment complexe et sophistiqué, impossible à appréhender dans son ensemble. Les fonctions superposées, imbriquées ou séparées sont multiples et de natures différentes, inscrites dans une hiérarchie invisible.

Les voies souterraines représentent des dizaines de kilomètres de routes qui parcourent La Défense sous les pieds des piétons et qui sont, pour une grande partie, consacrées aux livraisons en souterrain. Les tours bénéficient par ailleurs d'accès en surface pour les salariés et les visiteurs. Toutes ces voies sont ventilées par d'énormes extracteurs d'air qui rejettent l'air vicié par des cheminées monumentales, dont l'ornementation a été confiée à des artistes, notamment Raymond Moretti.

Comme une sorte de décalque de la surface, les espaces souterrains reçoivent des noms, pompeusement dérisoires pour désigner des espaces de rejet, inaccessibles au public : la voie des Bâtisseurs, la voie des Sculpteurs… aujourd'hui, refuges des SDF.

Les tours de bureaux ou d'habitation ont leurs espaces souterrains privatifs : parkings, quais de livraison, locaux techniques et de sécurité pour la maintenance, le ramassage des déchets et leur tri sur place, ateliers de réparation notamment pour les pannes des ascenseurs. Ces espaces sont reliés aux zones plus collectives sous la dalle et leur gestion respecte un cahier des charges commun à l'ensemble du site.

Si le petit entretien s'opère au cas par cas, en revanche, pour des opérations de plus grande ampleur, l'organisme gestionnaire unique du site, Defacto, assure la programmation des travaux, leur financement et leur réalisation avec l'aide de l'EPADESA qui lui octroie 13 millions d'euros par an pour ce faire (voir le chapitre 13). En outre, de manière plus exceptionnelle, les tours les plus anciennes et leurs infrastructures peuvent faire l'objet de rénovation en profondeur, ce qui permet à cette occasion de repenser et de rationaliser le fonctionnement des services souterrains, notamment en matière d'utilisation de technologies de pointe ainsi que de respect de l'environnement. Ainsi, malgré l'hétérogénéité de leurs statuts, ces espaces sont intégrés dans un même ensemble répondant à une même organisation et aux mêmes règles.

Le cas des parkings est encore plus complexe : 16 parkings de plus de 24000 places publiques sont pour la plupart accessibles au public : visiteurs occasionnels des tours de bureaux, chalands des grandes surfaces et des autres commerces. Leurs accès doivent être faciles et bien signalés, mais ils doivent également être sécurisés. Les solutions qui ont été mises en œuvre, après bien des tâtonnements, sont devenues des références pour les quartiers comparables dans le monde entier, notamment en Chine.

D'autres réseaux, de nature immatérielle, sont invisibles ou cachés dans des câbles et des gaines de protection. Ils ne se voient pas, mais font également l'objet d'une attention permanente en matière de maintenance et de sécurité. Ce sont les organes vitaux de la société de l'information qui innervent les flux financiers, la communication et le cœur battant du quartier d'affaires.

La culture en réserve

Outre les usages techniques, répondant à une logique de fonctionnement de l'ensemble du quartier, les dessous de la dalle accueillent des équipements culturels, même si certains, comme nous le verrons, ont été écartés.

Les réserves du Centre national des arts plastiques

Sous la fontaine Agam sont installées les réserves du Centre national des arts plastiques, dans des conditions considérées comme optimales par son directeur, Richard Lagrange, qui exprime sa satisfaction : « Nous nous sommes installés ici en 1991. Cette implantation s'est avérée, à l'usage, des plus judicieuses : nous sommes hébergés dans un lieu imprégné par l'art moderne et sur un site où le déplacement des œuvres, surtout les plus imposantes, est plus facile. »

Ainsi, le CNAP accueille 90 000 œuvres, dont 3 500 environ sont déplacées chaque année en vue d'une exposition ou autre manifestation, telle que « Monumenta », consacrée à Christian Boltanski, au Grand Palais. Le CNAP bénéficie également sur place d'un atelier de restauration.

Le refuge des collections du musée des Travaux publics

Pendant une courte période, La Défense a été le refuge des collections du musée des Travaux publics, musée maudit, mais paradoxalement mémoire et patrimoine des techniques et des savoir-faire du bâtiment et des travaux publics, dont La Défense dans son ensemble est une vitrine pour le monde entier.

Ce musée, installé à l'origine dans l'immeuble des frères Perret, place d'Iéna, a été fermé en 1955. Les collections ont été déménagées : un tiers a été rendu à leurs propriétaires (RATP, SNCF, ENPC) et les deux autres tiers ont été entreposés dans un local délaissé des sous-sols de La Défense appartenant à l'EPAD. À l'initiative de Jean Millier, une association pour le sauvetage du patrimoine de l'ancien musée des Travaux fut créée en 1989. Ce fut fait en 1991, sous la forme d'une publication signée par Bertrand Lemoine et Jean Mesqui (« Un musée retrouvé, le musée des Travaux publics »), accompagnée d'une exposition en mai 1991 dans les galeries de l'EPAD. Mais, en 2004, aucune solution pérenne n'avait été trouvée : l'EPAD devait récupérer les locaux de stockage et les collections furent remises en gestion aux Voies navigables de France. Musée oublié, mémoire perdue, le sort du musée des Travaux publics est d'être devenu un site internet : www.planete-tp.com.

Le musée de l'Architecture

Un autre musée, celui de l'architecture, a failli voir le jour dans les sous-sols de La Défense. Cette initiative revient à Joseph Belmont, alors président et directeur de l'EPAD, qui passa commande d'un projet aux architectes Philippe Chaix et

Jean-Paul Morel, en 1986. Joseph Belmont proposa de situer le projet à La Défense dans des espaces souterrains, des sortes de grands « délaissés » qui existaient sous la dalle entre deux voies. Les architectes dessinèrent une longue galerie sur la dalle qui était le signe visible du projet presque entièrement souterrain. Le musée ne s'est pas réalisé et les espaces accueillirent plus tard les réserves du FNAC (Fonds national d'art contemporain).

Le Monstre, de Moretti (1931-2005)

Tapi dans les souterrains, ce *Monstre* est une aventure hors du commun, à l'échelle de La Défense dans ses dimensions et son imaginaire (voir chapitre 18).

L'impensé des tripes

Malgré la rationalité apparente de l'organisation des sous-sols, il y a des lieux de l'impensé, du « refoulé », pourrait-on dire, qui sont autant de défis à la raison.

La Défense renferme des zones secrètes totalement inexplorées. En effet, c'est un véritable mille-feuille. Lors de la création du parvis, les ingénieurs et architectes se sont penchés sur le projet de passage du RER, de l'autoroute, des parkings, du métro, sur des couches superposées de couloirs et de galeries situées sous le parvis. Des espaces vides restent inexploités et aux accès fortement restreints.

Pierre Sertour, ingénieur et responsable des travaux de la première heure, évoque l'existence du déplacement de tonnes de terres pour faire passer des tunnels pour les voitures ; le projet ayant changé, des volumes résiduels impressionnants constituent d'énormes vides… pouvant abriter une « cathédrale engloutie ».

« Une station de métro sans métro » correspond à un ancien projet des années 1970 totalement souterrain, et abandonné très rapidement lorsque la RATP décide de faire passer le métro en aérien sur le pont de Neuilly plutôt que sous la Seine, projet trop complexe et trop coûteux. La station oubliée n'est plus accessible aujourd'hui que par une trappe à 30 m de profondeur. Cette station est située sous les Quatre Temps et en réserve pour de futurs projets de transports.

La dalle est en quelque sorte inachevée. Par exemple, l'espace d'attente des taxis n'a jamais été mis en communication directe avec la mezzanine de la station du RER, ce qui aurait permis de voir les automobiles circuler derrière les vitres sur un balcon en sortant du métro, en guise de spectacle urbain animé.

« Les chantiers de l'ombre » pour les voies de desserte intérieures font l'objet d'un programme de rénovation ayant pour objectif d'améliorer les voies de livraison aux différentes tours, les accès souterrains pour les taxis, les accès pompiers, les entreponts. Certains de ces espaces sont quasi abandonnés et détériorés, et s'y amassent quantité de déchets et objets abandonnés.

LE SAVIEZ-VOUS ?

« Le petit peuple des enfers » est loin d'être composé de délinquants. Ce sont des SDF bien connus des services sociaux, notamment de la Croix-Rouge. Ils ont trouvé refuge dans les espaces de rejet, mal contrôlés et mal entretenus. Un article du *Journal du Dimanche*, en date du 27 février 2010, fait une description saisissante de cette situation. Dans le quartier de La Défense, « deux univers radicalement différents cohabitent sur ce territoire futuriste : les cols blancs dans les étages des 71 tours majestueuses et quelques clochards sous la dalle. Dans les profondeurs, 66 ha de parkings, ainsi que 6 km de tunnels, de rues et contre-allées enterrées, il est difficile de recenser les sans-abri dont la plupart sont des braves gens accidentés de la vie ». Services sociaux, Croix-Rouge, ordre de Malte, Samu social médicalisé, Maison de l'amitié, mais aussi agents du commissariat de police et de nombreux bénévoles parmi les salariés du quartier de La Défense apportent leur assistance à ce petit peuple qui se cache de la lumière et du contrôle social. Sous les écriteaux « Centre d'affaires », « voie des Sculpteurs », « voie des Bâtisseurs », « place des Corolles », sous les tours jumelles de Cœur Défense, s'installe pour la nuit tout un petit monde secret.

Le prix de la sécurité

Ensemble complexe, vulnérable, convoité voire menacé, le quartier de La Défense pose des problèmes considérables de sécurité et de sûreté dont la prise en charge a un prix de plus en plus élevé, qu'il s'agisse de la sécurité incendie, de la sauvegarde des biens et des personnes ou des menaces liées au terrorisme ou à la crue centenale.

Des acteurs multiples de statut public (pompiers, policiers, militaires) et de statut privé interviennent pour faire face aux problèmes de sécurité, nécessitant la mise en œuvre d'un cadre commun et d'une coordination permanente. C'est désormais l'établissement public Defacto qui tient ce rôle en liaison avec les autorités publiques (communes, État) et les responsables du secteur privé (voir chapitre 13).

L'avenir de la dalle

L'urbanisme issu de la charte d'Athènes et l'urbanisme de dalle ont été contestés dès le début, notamment dans les positions prises par Françoise Choay (*L'Histoire de la France urbaine*) et par André Fermigier (*Mochardises et bidules, une Défense indéfendable*).

Aujourd'hui, notamment parce que la relecture de l'architecture du mouvement moderne et la réhabilitation relative de l'architecture du xxe siècle donnent de nouveaux éléments d'appréciation, les jugements énoncés sont plus nuancés.

Toutefois, la désaffection à l'égard des dalles est relayée par le mouvement écologique dans son avatar le plus contemporain qu'est le développement durable. Les réflexions liées à la perspective du Grand Paris définiront sans doute un nouveau positionnement de La Défense et poseront dans des termes renouvelés la question de la continuité urbaine. Pour que La Défense se retrouve en position centrale dans le développement de l'agglomération, il convient de franchir l'obstacle de la dalle, d'une manière ou d'une autre.

Dans une contribution au séminaire de 1993 consacré à l'urbanisme de dalle, l'urbaniste Bert Mac Lure lance un fervent appel à la créativité de ses confrères pour redonner aux dalles un avenir permettant de combiner le maintien des avantages incontestables qu'elles ont apportés en termes de circulation et d'innovation technique à la nécessaire réconciliation avec le territoire. Les dalles sont « l'expression d'une structure urbaine de notre temps », affirme-t-il, une vraie modernité qui a toute sa légitimité à condition de parfaire le système.

Le plan de renouveau est désormais le cadre dans lequel l'avenir du quartier et le sort de la dalle vont se projeter dans les décennies à venir, dans le respect de l'histoire singulière de ce quartier, mais également dans un esprit d'audace et d'innovation incarnant la nouvelle modernité du XXIe siècle.

Chapitre 9

Un paysage vertical

Dans ce chapitre :

- Les tours en leurs fondements
- Les tours pionnières et leur destin
- Orgueilleuses, elles montent dans les nuages… avant une chute brutale
- Les tours retrouvent-elles leur vertu dans le développement durable ?

Ce sont cinq ou six générations de tours qui feront La Défense. Et plus elles s'élèvent, plus leurs concepteurs souhaitent protéger durablement l'environnement.

L'historique et irrésistible érection des tours

Une tour en elle-même ne crée ni un urbanisme ni un paysage vertical. Inspirés par le mouvement moderne et principalement par les idées visionnaires de Le Corbusier, mais aussi et surtout en ayant en tête l'image séduisante et culturellement riche des grands exemples américains de Chicago ou de New York, les urbanistes ont pensé la forme du quartier de La Défense en trois dimensions : le profil en forme de poire, la séparation des fonctions, la dalle et les immeubles de grande hauteur.

Vision paysagère, urbanistique, ou les deux ?

Les décisions prises ponctuellement de construire des tours de plus en plus hautes et sophistiquées renvoient à un projet urbain ambitieux qui met en œuvre plusieurs objectifs :

- La rénovation du patrimoine des tours les plus anciennes ;
- L'actualisation de leur conception, à la fois sur le plan technique et sur leur capacité d'être multifonctionnelles et ce, dans une perspective d'ouverture du périmètre initial ;
- La fluidité des circulations et des transports.

Il s'agit bien alors de passer d'une vision urbanistique à une vision paysagère. Évoquer pour La Défense un paysage vertical, c'est concevoir l'esplanade et ses abords en tant qu'ensemble – une globalité dans une perception axonométrique. Or, ce n'est pas à l'origine le CNIT, la tour Esso et quelques constructions qui créent un paysage. Les tours sont des objets individuels, des architectures isolées ; il y a plutôt empilement que recherche de cohérence.

La création d'un paysage ou d'un urbanisme vertical suppose une stratégie volontariste, une politique d'ensemble. Chaque tour, contrairement à la réalité new-yorkaise, par exemple, est monofonctionnelle. À La Défense, les tours de bureaux sont posées sur la dalle qui, elle, a fait l'objet d'une politique volontaire d'aménagement. La répartition des fonctions et des circulations est le produit d'une réflexion aboutie.

Dans la conception des dernières tours, on assiste à une évolution ou un renversement de tendance : apparaît un nouveau rapport dialectique entre l'urbanisme de dalle et la récente mixité des fonctions des constructions de grande hauteur. Bureaux, logements, hôtels, salles de spectacles ou de sport, commerces en rez-de-chaussée créent une ville en raccourci qui s'impose à la dalle ; elle doit remplir alors plus que jamais les missions qui lui reviennent : l'accueil, la sécurité, la circulation et l'orientation facile, l'animation.

Véritable et récente innovation française, l'urbanisme vertical, par la multiplicité fonctionnelle, construit du lien avec la dalle et il ne s'agit plus seulement d'un paysage.

Très tôt déjà, l'idée de tours est dans les têtes

En 1930, le mécène Léonard Rosenthal lance une consultation pour « l'étude architecturale de la place de la Victoire », puis un concours en 1931 « pour l'aménagement de l'avenue triomphale de l'Étoile à la place de La Défense ».

Le premier prix est attribué à l'architecte Paul Bigot, assisté des sculpteurs Paul Landowski et Henri Bouchard pour une œuvre dédiant « la Porte Maillot à Clemenceau, le pont de Neuilly aux Maréchaux et la place de La Défense à la Victoire », et deux immenses colonnes ou pylônes, de part et d'autre du pont des Maréchaux forment un premier plan à ce grand motif. L'idée de construction de très grande taille pointe déjà.

Même si la crise économique puis la Seconde Guerre mondiale arrêtent tous les projets, il est intéressant de noter que l'intention des élus comme des candidats au concours était d'intégrer la perspective Étoile-La Défense, ce qui a permis aux architectes de proposer des compositions grandioses, imaginant le Grand Axe déjà flanqué de tours. André Granet proposa, au bout d'une large perspective, l'« avenue des Traditions », bordée d'immeubles hauts, une sorte de forme de fusée portant très, très haut la statue du maréchal Foch.

En 1930, la proposition de Le Corbusier, lors du concours Rosenthal, audacieuse et en quelque sorte prémonitoire, consiste à séparer la circulation voitures et piétons par une dalle, à construire des tours de grande hauteur, à offrir de l'espace et de la lumière à la ville en projet. C'était déjà anticiper sur les grandes orientations fondatrices du nouveau quartier de La Défense.

Henri Prost, désigné comme urbaniste en chef du Comité supérieur de l'aménagement et de l'organisation générale de la région parisienne, élabore dès 1934 le plan d'aménagement de la région parisienne destiné à décongestionner le centre.

Après la fin de la guerre, le Service d'aménagement de la région parisienne (SARP) se fixe comme objectif « de faire de la voie triomphale un axe d'urbanisation autant que de pénétration ». Confirmant cette perspective, le conseil général de la Seine envisage, en 1950, que le quartier de La Défense soit choisi comme centre d'affaires hors de Paris. Le ministre de la Reconstruction, Eugène Claudius-Petit, y autorise l'acquisition de terrains et il demande aux architectes Camelot, de Mailly et Zehrfuss de lui proposer un schéma d'aménagement pour le quartier.

Une première tour montre son nez... en vain

Répondant aux vœux d'Emmanuel Pouvreau, président du Syndicat des constructeurs français de machines-outils, rêvant de construire un grand palais de la mécanique, les trois architectes se lancent dans la construction du Centre national des industries et des techniques (voir chapitres 5 et 20).

Faisant face au CNIT, se trouvait la tour quadripode de Zehrfuss, de 250 m de haut et 60 étages : « Nous allons montrer aux Américains un gratte-ciel de conception française. » Trop coûteuse, la tour ne se fera pas. Même si, entre 1949 et 1964, les projets se suivent sans succès, les réticences financières tangibles, les engagements politiques et urbanistiques forts furent déterminants à l'avènement du quartier.

Le CNIT restera la seule construction de ce secteur pendant dix ans, mais son architecture fera connaître La Défense au monde entier.

Les fondements des tours et les premières fondations

La dalle en est jetée, les circulations séparées et les immeubles hauts rapidement conçus. Afin d'acquérir et de libérer les sols, de réaliser les infrastructures, d'aménager et d'animer le quartier, le 9 septembre 1958 est créé l'EPAD (voir chapitre 11). Le périmètre de 750 ha, localisé sur les communes de Courbevoie, Puteaux et Nanterre, lui est confié.

En décembre 1964, le nouveau plan d'aménagement prévoit trois types d'implantation : des tours de bureaux d'une trentaine d'étages, totalisant une surface de 850 000 m^2, des immeubles d'habitation de 5 à 12 étages constituant des espaces fermés autour de jardins intérieurs et des commerces le long des rues et des places. Le cadre juridique est fixé, l'espace d'implantation déterminé.

Les pionniers ou la première génération de tours

La société Esso fut la première à s'investir à La Défense pour y établir son entreprise et regrouper ses 1 550 employés, dispersés sur 12 sites différents dans la région. « Nous avons mis six ans pour acheter toutes les parcelles. La construction a duré trois ans », confiera un des responsables de la société. En 1957, les architectes Gréber, Lathrop et Douglas travaillent à un projet de tour sur le terrain Esso. En 1963, l'immeuble de 12 étages est inauguré.

Ce fut l'un des premiers immeubles conçus spécialement pour accueillir des bureaux. Les immeubles de bureaux de ce type n'existaient qu'en Amérique. À l'époque, la plupart des immeubles parisiens n'étaient que d'anciens appartements bricolés. Ici, il y avait tout, de la grande salle de réunion sonorisée à la salle climatisée pour les « calculateurs électroniques » IBM.

Ayant fait l'acquisition du terrain avant l'approbation du plan d'urbanisme, Esso ne crut pas à l'existence de la future dalle et l'entrée se trouvera non pas à son niveau mais trois étages en dessous ! Et, de ses 12 étages, la tour dominait quand même la perspective jusqu'à l'Étoile. La façade constituée de murs rideaux métalliques, innovants à l'époque, ne porte rien, et c'est le cœur de béton qui contient les ascenseurs et tous les réseaux.

Les promoteurs et les investisseurs sont invités à acheter un droit à construire ou plutôt un « volume d'air ». Afin de conserver une unité architecturale, toutes les tours de bureaux doivent respecter les mêmes normes, soit 42 m x 24 m à la base sur 100 m de haut. Tout en restant dans ce gabarit, le maître d'œuvre est libre de concevoir l'architecture qui lui est propre.

L'immeuble Esso a semblé, très vite, tout petit entouré de très hautes tours. Ce sera l'un des premiers immeubles à être détruit trente ans plus tard et à être remplacé. Mais cette première construction d'immeuble de bureaux aura donné une véritable impulsion.

Troisième ouvrage du site de La Défense après le CNIT et la tour Esso, située sur le territoire de Nanterre, proche de l'avenue Pablo-Picasso, la tour Nobel est construite en juillet 1965 en un temps record.

La tour Aquitaine, devenue AIG, augure aussi de cette première génération de constructions conformes au premier plan-masse de l'EPAD au gabarit cité plus avant. Conçue par les frères Xavier et Luc Arsène-Henry et Bernard Schoeller pour le groupe Aquitaine, en 1967, la tour offre ses 27000 m^2 répartis sur 27 étages.

Quatre tours sont en construction cette même année 1967 : ce sont Aurore, des architectes Damery, Vetter et Weil, Atlantique et Europe, dessinées par Delb, Chesneau, Vérola, rejoints par Lalande pour Atlantique, et le Crédit lyonnais, conçu par Dubuisson, Jausserand et Chalbat.

Que sont devenues ces quatre tours pionnières ?

Ces tours doivent s'adapter sans cesse au contexte économique, à l'évolution des techniques et aux contraintes inflexibles de la concurrence internationale. Toutefois, les quatre cas analysés ci-après montrent que le parti d'origine de la première génération demeure dans son intégrité ou que, sur la même emprise, il accepte une plus lourde opération, ce qui prouve sa capacité d'adaptabilité.

Aurore

La tour Aurore, d'une surface de 28 500 m^2 et d'une hauteur initiale de 100 m, appartient aujourd'hui au fonds d'investissement Carlyle. Se situant entre le circulaire et l'esplanade, à Courbevoie, elle se caractérise par une modénature classique consistant à souligner chaque étage de plancher par un anneau blanc sur les quatre côtés de l'immeuble. Ses vitres orange et réfléchissantes donnent un aspect qui date son époque de construction.

Depuis son désamiantage, en 1990, Aurore est inoccupée et cédera, dans le cadre du plan de renouveau et d'une opération de démolition-reconstruction, sa place au projet Air 2, de l'agence d'architecture Arquitectonica Bernardo Fort-Brescia, avec Bouygues Immobilier comme promoteur. La surface hors œuvre nette complémentaire prévue est de 48 000 m^2. Elle offrira une surface de 82 000 m^2. Sa silhouette culminera vers 2015 à 202 m. Elle fera partie alors de ces tours que l'on qualifie de « sixième génération ».

Atlantique

La tour Atlantique, de 26 000 m^2 et haute de 90 m, appartient à la copropriété Acanthe-Gecina-Groupama. Dominant la statue de Barrias, entre les tours EDF et Opus 12, elle se définit par l'aspect très classique du plan-masse original. Elle est recouverte de grandes lames verticales d'un seul tenant de la base au sommet. Elle est occupée par les bureaux des sociétés Sodexo et Statoil.

Europe

D'une hauteur de 28 étages et occupant 28 000 m^2, la tour Europe appartient aux propriétaires Kanam et Grund. Occupée par les bureaux de l'OCDE et de la Maaf, elle a été rénovée en 2002 et fait aujourd'hui l'objet d'une nouvelle rénovation à l'identique. Conçue comme un immeuble traditionnel avec une structure en béton apparente, elle s'efface derrière la masse imposante de Cœur Défense, la tour Dexia et d'autres tours de verre et d'acier.

Opus 12

Propriété d'Axa Rein, la tour Opus 12 (ex-tour Crédit lyonnais ou PB 12), à proximité de la tour EDF abritant 134 000 m^2, a été bâtie aussi sur une emprise de première génération (24 m x 42 m). Le quadrilatère primitif a été légèrement agrandi de 3,5 m vers la tour Ariane, lors de sa rénovation en 2004 par les architectes Valode et Pistre. D'une grande réussite sur le plan technique, sa rénovation a consisté à faire remonter des surfaces en superstructure et à augmenter sensiblement la taille des plateaux grâce à une légère excroissance sans toucher au noyau central. D'une belle élégance cristalline aux verres réfléchissants mais lui offrant des effets de translucidité, aux angles arrondis et liant les quatre faces identiques, la tour laisse deviner chaque niveau de plancher, lui conférant une architecture à visage humain.

Figure 9-1 : La tour Opus 12.

Les générations se succèdent et les tours se métamorphosent

Les premières tours, nombreuses, avaient rempli leur contrat. Mais le plan-masse de 1964, imposant la construction d'immeubles sur le même modèle et avec le même gabarit, ne faisait plus recette. Les formes « cartésiennes » fixées à l'avance n'étaient plus adaptées ni à l'évolution des techniques ni à une demande sociologique et économique de plus en plus diversifiée, engendrée, par exemple, par des procédures de travail en « mode projet ».

Les tours de deuxième génération

Il était indispensable de passer de l'âge de la confection avec un seul modèle et une seule taille au « sur-mesure ». Par exemple, les entreprises comme l'UAP ou Gan souhaitaient faire construire de véritables gratte-ciel. L'UAP, désirant regrouper l'ensemble de son personnel en un seul immeuble avait besoin de 70 000 m^2.

L'EPAD ne pouvant proposer que deux tours voisines de 28 000 m^2 chacune, l'État, représenté par Jean Millier, le nouveau président-directeur général de l'EPAD, fit réviser le plan-masse, ce qui permit de doubler la superficie autorisée de bureaux de 800 000 m^2 à 1 600 000 m^2.

La hauteur des tours n'étant plus limitée, elles peuvent atteindre 200 m de haut : de vastes « plateaux paysagers » de bureaux apparaissent. Dans le ciel du quartier d'affaires culminent alors la tour Gan, la tour Fiat et la tour Assur.

La tour Gan

Construite en 1976 par le cabinet d'architectes Abramovitz, Harrison et associés, la tour Gan occupe 70 500 m^2 sur 44 étages et culmine à 180 m de haut. Elle marque l'entrée du quartier depuis Paris, de manière insolente. En effet, sa construction fut à l'origine d'un scandale retentissant : le squelette de béton de la tour en construction apparaissait derrière l'Arc de Triomphe. Mais il est vrai que l'opinion publique parisienne venait d'être mise à rude épreuve avec la construction de la tour Montparnasse !

En 1972, le président français, Georges Pompidou, donnera son feu vert pour que ces « tours infernales » reçoivent leurs autorisations. Une nouvelle période commence à La Défense.

Rebaptisée « CB 21 » (C comme Courbevoie, B pour bureaux et 21 pour le numéro de la parcelle sur laquelle la tour est construite), elle doit être surélevée à 230 m et sa surface passée de 70 000 m^2 à 100 000 m^2, grâce à un dédoublement de l'édifice. Mais, à la suite de la crise financière de 2008, la Foncière des Régions, première société foncière en Europe et propriétaire, lui fait subir une restructuration moins importante que celle prévue à l'origine.

Sa nouvelle façade et ses nouveaux équipements (technologies informatiques innovantes, restaurants accueillant 24 000 couverts par jour, salle de fitness de 400 m^2, auditorium de 230 places) sont adaptés par Suez Environnement pour accueillir les sièges des principales entreprises du groupe (Suez Environnement, La Lyonnaise des eaux, Degrémont, Sita et Ondeo Residential Solutions), soit environ 1 600 collaborateurs. Dans cette tour de 180 m de hauteur, Suez Environnement occupe 44 000 m^2 sur les 75 000 m^2 au total.

« Ce regroupement à La Défense, principal quartier d'affaires en Europe, contribue à notre dimension internationale, un an et demi après l'introduction de Suez Environnement en Bourse, explique la directrice logistique de Suez Environnement. Il nous permet également de mieux communiquer entre les différents services. Enfin, il marque une identité plus forte et plus visible. »

Un tel occupant ne pouvait être qu'exemplaire dans la prise en compte de l'environnement : la consommation énergétique a été réduite de 30 % ; la tour abrite des sondes mesurant le niveau de CO_2 pour gérer l'apport de l'air neuf. La Foncière associe ses locataires à la récupération, au tri et à la valorisation des déchets dans une démarche innovante. Enfin, la tour CB 21 dispose en son sommet d'un nichoir à faucons pèlerins.

La tour Fiat

La tour Fiat, construite en 1974 par les architectes Skidmore et associés, Saubot et Julien, devient en 1995 la tour Framatome, puis en 2003 est baptisée Areva.

Les autres tours

De cette deuxième génération fait aussi partie la tour Assur. Cette tour, dont les architectes furent Dufau, Steuzel et Dagbert, déployait ses 68000 m^2 sur 39 étages.

Les immeubles de logements atteignent aussi de grandes hauteurs : c'est le cas de certaines des tours-nuages d'Émile Aillaud, dans le quartier du Parc, qui dépassent 100 m et aussi de Défense 2000, conçue par les architectes Proux, Demones et Prot. Culminant à 136 m, c'est la plus haute résidence de France, comprenant 308 appartements et abritant 700 personnes. Relativement isolée, en bordure du boulevard circulaire sud et derrière les jardins Boieldieu, elle offre une vue exceptionnelle sur Paris et le mont Valérien.

La crise économique et ses enseignements pour la troisième génération

La crise économique de 1973 et une campagne d'opinion jugeant les tours trop hautes et impersonnelles, ébranle le secteur immobilier pendant quatre ans. Des tours restent vides ou inoccupées. Avec le choc pétrolier, le coût d'entretien et de climatisation devient prohibitif. Les grands bureaux paysagers, éclairés de manière permanente au néon, la mauvaise insonorisation… les tours « inhumaines » sont rejetées. En 1976, 100000 m^2 de bureaux restent vides alors que des bureaux manquent à Paris.

L'annonce de mesures par le Premier ministre, comprenant l'autorisation de construire 350000 m^2 supplémentaires de bureaux, incite le marché à reprendre son activité.
Le nouveau plan d'aménagement invite les investisseurs et les architectes à construire des tours moins hautes, des bureaux plus confortables, plus conviviaux (tous sont en premier jour) et plus économes (les charges sont réduites).

Une nouvelle architecture apparaît : la hauteur des immeubles varie, les tours se fractionnent, s'amincissent, se complexifient. On parle d'immeubles de la « troisième génération », dans laquelle s'inscrivent par exemple les tours Pascal, Descartes, Voltaire et Elf.

Emblématique de cette époque, la tour Elf, devenue Total Coupole, dessinée par les architectes Saubot, Julien, Menkès, Webb et Zerafa, en 1985, invente de nouvelles formes. Cinq immeubles prismes de hauteur inégale, dont le principal culmine à 187 m, se caractérisent par une surface vitrée de 53 000 m^2, offrant ainsi à tous les niveaux la lumière directe du jour ; ses couleurs, du bleu-gris métal au bleu marine, son changement d'aspect selon l'endroit où l'on se situe, ses performances énergétiques (vitrages isolants et gestion informatisée de la consommation) en font pendant longtemps une référence d'architecture de tout premier ordre en France comme en Europe.

Ainsi, architectes et investisseurs s'efforcent d'anticiper les nouveaux besoins des entreprises en termes d'esthétique, de confort, de sécurité et de coûts de fonctionnement ; avant de les construire, les promoteurs, prudemment, commercialisent leurs bureaux.

Les promoteurs et les architectes de la quatrième génération se préoccupent d'environnement

Les années suivantes, les constructions nombreuses montrent l'ingéniosité de leurs concepteurs pour épouser au mieux l'étroitesse des terrains et les courbes de voirie. Les architectes inventent en adoptant de nouvelles technologies et de nouveaux matériaux, des formes inédites et des démarches respectueuses de l'environnement.

La diversité et la personnalisation de chaque tour, le rejet ou l'absence de modèle, la recherche générale de la performance liée aux souhaits des promoteurs et des architectes de marquer le mieux possible l'espace de La Défense ne permettent pas de présenter un catalogue complet de ces constructions mais quelques-unes retiennent notre attention par leur impact dans l'histoire du quartier des affaires, par leur emplacement, leur stratégie ou leurs qualités esthétiques et fonctionnelles intrinsèques faisant figure de « modèle » pour les ouvrages que l'on peut qualifier de la « quatrième génération ».

Les tours Alicante, Chassagne et Granite

Situées à Puteaux, à proximité immédiate de Tête Défense, les tours jumelles Alicante et Chassagne, de la Société générale, d'une hauteur de 167 m, livrées en 1995, ont été dessinées par les architectes Andrault et Parat. Elles regroupent, sur une superficie de 126 000 m^2, le siège social de la banque et ses 5 400 employés. Séparées de 40 m par un pont suspendu, biseautées à leur sommet, elles sont visibles de très loin, surtout, peut-être, la nuit, grâce à deux puissants faisceaux lumineux partant du haut des tours.

Les espaces intérieurs, conçus par Christian Germanaz, sont flexibles et adaptables aux besoins. Les tours se distinguent notamment par les matériaux des paliers d'ascenseur, qui sont dans l'une en pierre blanche de Chassagne, dans l'autre en marbre rouge d'Alicante, d'où les noms qui leur ont été attribués.

Dans la continuité des deux bâtiments existants, la Société générale, afin d'accroître ses surfaces, fera construire bien plus tard, en 2008, par Christian de Portzamparc, la tour Granite d'une hauteur de 183 m et abritant 68 000 m^2. Aujourd'hui, elle achève ce complexe de bureaux par l'immeuble Basalte conçu par l'architecte Jean Mas des Ateliers 2.3.4.

Le Cœur Défense

Cœur Défense est bien au cœur de la dalle du quartier d'affaires. Les deux tours jumelles de 151 m de haut et 40 étages et les 3 immeubles de 9 niveaux, reliés entre eux par un atrium de verre d'une dimension telle qu'il pourrait abriter deux cathédrales Notre-Dame, sont l'œuvre de l'architecte Jean-Paul Viguier. Cet immeuble, à vocation tertiaire, commerciale et culturelle, déployant sur 350 000 m^2 ses 190 000 m^2 de bureaux, son centre de congrès et ses boutiques, est une des plus grandes surfaces d'Europe.

En 2001, Bouygues achève la construction de Cœur Défense. Les deux tours principales, arrondies en leur extrémité, sont décalées l'une par rapport à l'autre, ce qui permet d'éclairer l'ensemble des plateaux de bureaux. Derrière ces façades, des stores blancs s'abaissent automatiquement selon la luminosité extérieure. Le propriétaire des immeubles est Heart of La Défense, et une vingtaine d'entreprises – Air liquide, HSBC… – emploient 7500 personnes. Cœur Défense s'est installé à la place de la tour Esso.

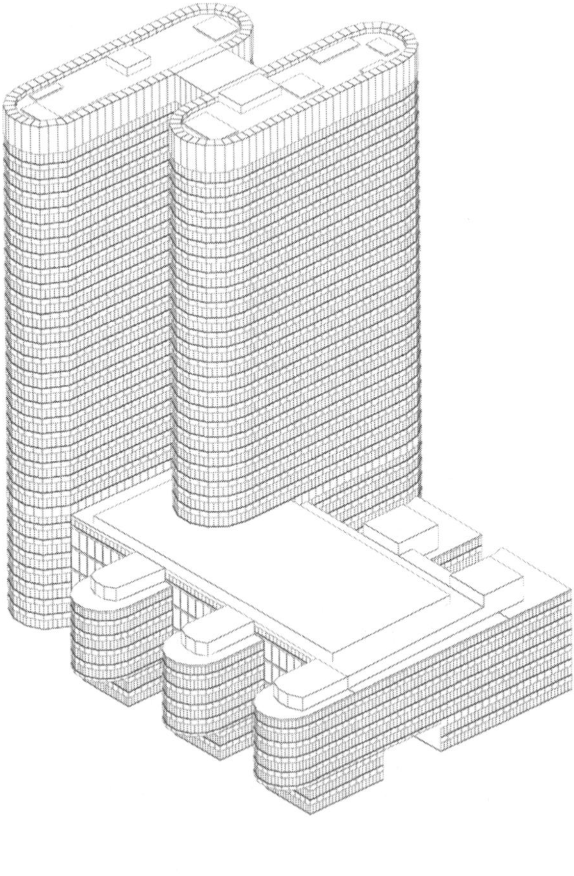

Figure 9-2 : Le Cœur Défense.

La tour EDF

En face de Cœur Défense, et perpendiculaire à l'esplanade, la tour EDF, sorte de vaisseau futuriste réalisé par Pei (seule tour à avoir une avancée sur la dalle avec sa marquise monumentale), se caractérise par son respect de l'environnement (voir chapitre 20). Pour l'anecdote, trois ruches au pied de la tour ont permis de récolter de 100 à 150 kg de miel.

Le pari nécessaire de l'environnement

Ces trois réalisations et bien d'autres ont effectivement comme points communs la prise de conscience très forte des enjeux environnementaux. Les tours de cette quatrième génération sont précurseurs d'une tendance pérenne : la génération durable, que l'on identifie aujourd'hui comme cinquième génération à La Défense.

Les tours ont souvent une mauvaise réputation : elles sont perçues comme coûteuses à la fois dans leur construction et leur usage, inhumaines, créant des espaces monofonctionnels, ancrant avec difficulté leurs pieds dans l'espace. Ces critiques trouvent de plus en plus de réponses positives dans les tours de la dernière génération conçues dans le quartier d'affaires. De façon générale, on doit reconnaître que les tours de grande hauteur contribuent à densifier un quartier et « que seule la densité des villes permettra de sauvegarder des espaces naturels ou agricoles et de limiter le temps et l'énergie dépensés en transports » (Denis Valode, architecte, interrogé par Annie Zimmermann dans le n° 354 de la revue *Urbanisme*, mai-juin 2007).

L'environnement durable comme moteur de développement

En 2006, l'un des objectifs prioritaires est déjà le développement durable (voir chapitre 14). L'EPAD souhaite devenir une référence mondiale.

Le premier Sommet mondial des quartiers d'affaires et du développement durable, organisé au CNIT les 14 et 15 février 2008, répond à ces attentes. Un conseil scientifique de 70 personnes associant chefs d'entreprise, maîtres d'ouvrage, architectes, associations et spécialistes est constitué pour plancher sur ces questions.

L'EPAD a imposé aux aménageurs de tours un cahier des charges obéissant aux principes fondamentaux du respect de l'environnement et, dès 2007, a souhaité que les nouveaux projets accèdent aux méthodes d'évaluation fixées par les organismes internationaux comme le LEED (Leadership in Energy and Environmental Design) et le BREEAM (Building Research Establishment Environmental Assesment Method). L'introduction de ces démarches sont des grandes premières en France. Des réticences fortes se manifestent, mais les investisseurs étrangers, rompus à ce type de demande, ont un rôle dynamique.

Plusieurs décisions importantes concernant le plan de renouveau et son application (voir chapitre 14) sont prises pour donner toutes les garanties que l'environnement du quartier d'affaires est bien considéré.

Les tours durables des cinquième et sixième générations

C'est évidemment dans ce contexte que s'inscrivent les tours de la cinquième génération et, *a fortiori*, celles de la sixième génération, dont on présente quelques exemples.

La tour Carpe Diem

La tour Carpe Diem sur l'esplanade Nord, quartier Corolles, occupant le site de l'ancien immeuble de France Télécom (ex-Exxon Chemical), s'annonce comme un projet marquant du plan de renouveau. Elle est en cours de construction par l'agence d'architectes Robert A.M. Stern Architects, associée à l'agence SRA Architectes. Cette opération de démolition-reconstruction est menée par l'investisseur SCI Carpe Diem, regroupant Aviva France et Crédit agricole assurances, assisté par le maître d'ouvrage délégué Hines France. L'acte de vente a été signé en février 2010 et sa livraison est prévue pour fin 2012. L'immeuble aura deux aspects : deux façades sont conçues en « pointes de diamant » réfléchissant la lumière, les deux autres sont plus lisses et sages. La tour de 162 m de 47 000 m^2 (dont 300 m^2 de commerces) pourra accueillir plus de 3 000 salariés. Carpe Diem, dotée de capteurs et protections solaires, de dispositifs de ventilation naturelle, jardins suspendus, etc., sera la première tour à bénéficier d'une triple certification affirmant sa qualité de tour durable en terme d'environnement. Affirmant un parti pris urbain soucieux de s'ouvrir sur la ville, un escalier monumental assurera la liaison entre l'esplanade de La Défense et Courbevoie, le boulevard circulaire étant traité en boulevard urbain dans ce secteur.

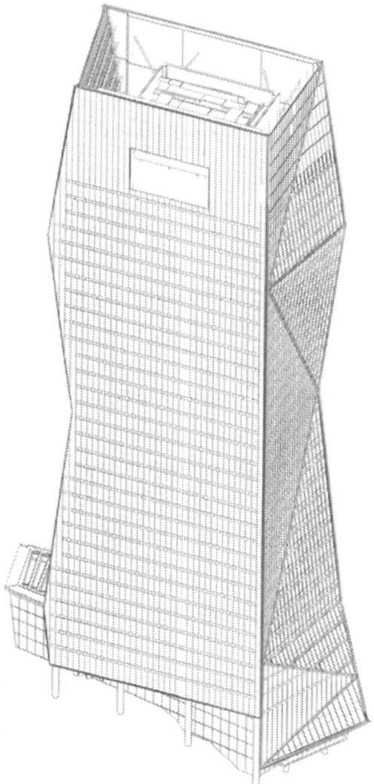

Figure 9-3 : La tour Carpe Diem.

L'investisseur de la tour s'est exprimé lors du SIMI (Salon de l'immobilier d'entreprise) dans une table ronde organisée par l'EPADESA, le 2 décembre 2010 : « La Défense est le premier grand geste de Paris dans Paris, mais surtout de l'évolution de Paris. La Défense offre une diversité extraordinaire. La Défense est porteuse d'image. La modernité de ses tours, les dessins architecturaux que l'on y trouve et la qualité des acteurs qui viennent sont en eux-mêmes un constat de succès. Carpe Diem avait donc eu raison d'être à La Défense. »

La tour First

La tour First, dressée à l'avant-scène de La Défense – dont elle marque l'entrée juste avant le pont de Neuilly, à droite, en lisière du circulaire, à Courbevoie – est construite à partir de l'ancienne tour Axa, par le cabinet Kohn Pedersen Fox et Saubot et Rouit Associés, et avec comme investisseurs Beacon et Axa, assistés de Cogedim, maître d'ouvrage délégué. Elle est livrée depuis mai 2011. Avec ses 231 m de haut, ses 50 étages et sa surface de 87 000 m^2 de bureaux, elle deviendra la plus haute de France, détrônant la tour Montparnasse… en attendant la suivante. Malgré l'unité de traitement de l'ensemble, le bâtiment propose trois faces dissymétriques et se perd dans l'espace par une sorte de spirale vrillée.

Chaque étape de la construction s'est inscrite dans une logique de développement durable : innovations technologiques, maîtrise des énergies (consommation de 100 kWh/m^2 contre 400 pour l'ancienne tour Axa) ; le triple vitrage permet une très bonne isolation et une utilisation optimale de l'énergie solaire. First est le plus grand projet HQE® et THPE de France. Elle accueillera le regroupement de toutes les équipes de Ernst & Young, aujourd'hui dispersées sur plusieurs sites.

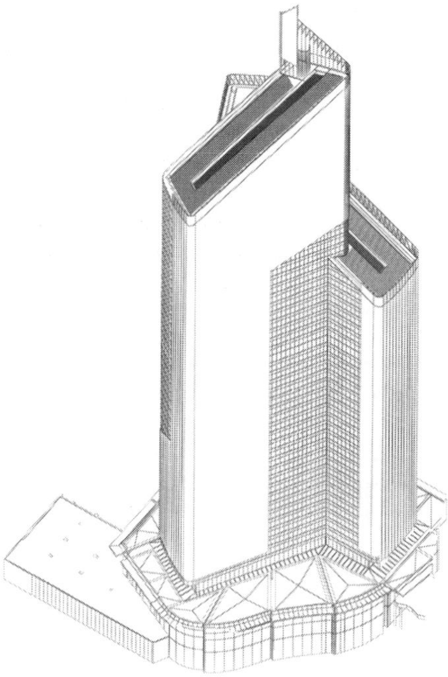

Figure 9-4 :
La tour First.

La tour Ava

La tour Ava, prévue à Courbevoie, derrière le CNIT et sur l'emplacement de l'ancien immeuble Berkeley, dominera, en 2013, le quartier de ses 142 m. C'est une opération de démolition-reconstruction entreprise par l'investisseur GCI (Generale Continentale Investissements) et Benson Elliot. La tour est dessinée par l'architecte Manuelle Gautrand, qui commente ainsi son œuvre : « Le projet Ava longe le boulevard circulaire sur 200 m… Une résille fine et légère, enveloppant l'ensemble des volumes, confère une image très chaleureuse et rare dans un univers de tours. » Un bâtiment bas, sorte d'entrée en V, laissant passer le circulaire, s'évase au pied de la tour. Il offrira des services de proximité : auditorium, restauration, commerces. Sur 64 000 m^2 et 34 niveaux de bureaux et services accueillant 4 200 personnes, « ce sont deux bâtiments, mais une seule architecture qui se détend entre deux extrémités éloignées. Le projet est ainsi lisible et fluide : une pause que l'on a souhaitée calme et majestueuse, dans cet environnement souvent hétéroclite », affirme Manuelle Gautrand. La tour s'engage résolument dans une démarche de développement durable, par une maîtrise rigoureuse des coûts énergétiques (panneaux solaires et protection du soleil par la résille enveloppant la tour).

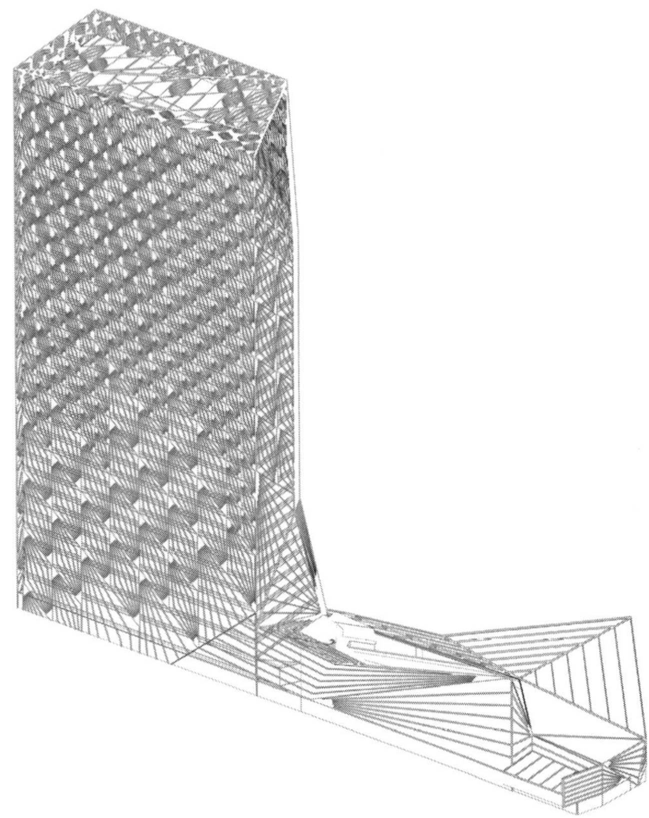

Figure 9-5 : La tour Ava.

La tour Phare

La tour Phare sera située entre la Grande Arche et le CNIT et, d'une hauteur de 300 m, elle représente le symbole du plan de renouveau de La Défense. Elle a été dessinée par le cabinet d'architectes de Thom Mayne (Morphosis), qui considère que la tour sera « une fusion des performances techniques et de l'art… l'essence même de l'architecture ». La tour est l'un des projets architecturaux et environnementaux les plus ambitieux du groupe Unibail-Rodamco, réinventant la tour de bureaux traditionnelle, tout en recréant une zone de transition entre le parvis de La Défense et le quartier du Faubourg-de-l'Arche, à Courbevoie.

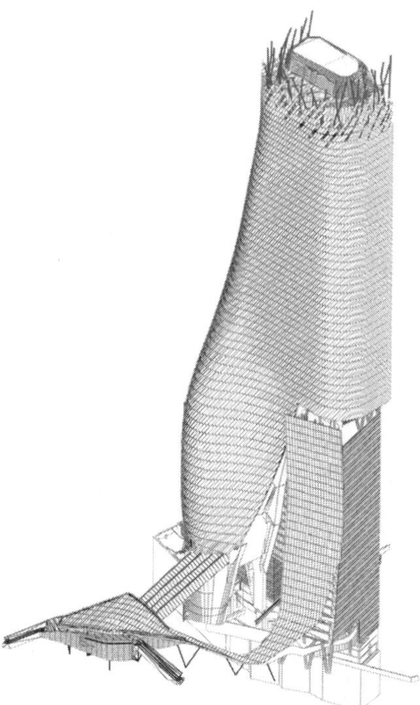

Figure 9-6 : La tour Phare.

Ses 147 000 m^2, dont 25 000 m^2 de commerces, seront logés dans une grande tour, à l'aspect biomorphique, dont la livraison est prévue pour fin 2016. L'objet est complexe, la parcelle d'implantation, traversée par des circulations de voitures et de piétons, est exiguë.

Simple peau de verre au nord, double peau filtrante et protectrice en Inox sur toutes les autres expositions, la peau en métal perforé devrait permettre de diminuer de 50 % l'impact des effets du soleil. Le noyau est en béton et la structure en acier. Au sommet, une forêt de turbines éoliennes produit de l'air frais pendant cinq mois de l'année. C'est là que devrait être édifié un restaurant gastronomique.

La tour Majunga

La tour Majunga, du même investisseur Unibail-Rodamco, a été dessinée par Jean-Paul Viguier. D'une hauteur de 193 m pour 69 500 m^2, sa livraison est prévue fin 2013. Bien sûr, elle vise les performances environnementales les plus prestigieuses, comme la tour Phare. Située au sud de la tour Ariane, sa singularité réside en la réalisation de trois pans accolés, se déployant chacun de façon différente.

Il est important de rappeler que, pour toutes les tours en projet ou en construction, un cahier de prestations générales de chantier à faibles nuisances est remis à chaque entrepreneur ou maître d'ouvrage titulaire d'un marché de travaux passé avec l'aménageur, en l'occurrence l'EPADESA (voir chapitre 12). Ce cahier fixant les préconisations environnementales à respecter a pour objectif de contraindre les entreprises à une prise de conscience de l'impact des chantiers sur l'environnement, et à l'adoption de solutions techniques sources de moindres nuisances ou atteintes à l'environnement.

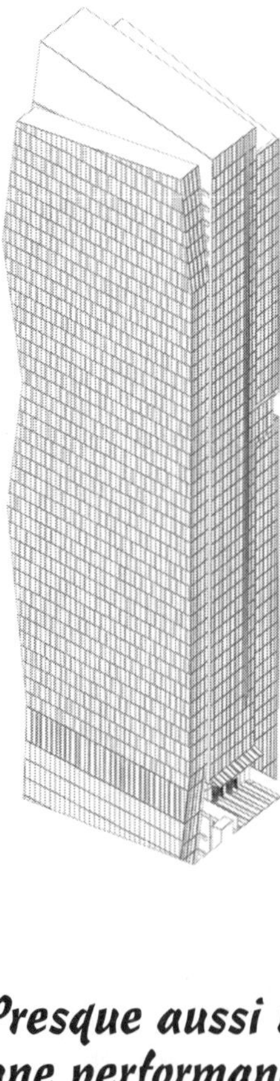

Figure 9-7 : La tour Majunga.

Presque aussi haute que la tour Eiffel : une performance durable ?

Les tours Hermitage Plaza, au pied du pont de Neuilly, à droite quand on vient de Paris, domineront l'ensemble du quartier et seront visibles de tous les points hauts de la capitale. Quel sera cet objet inattendu dans le ciel de la région ? Ce sont les tours jumelles, d'une hauteur de 300 m environ, conçues par l'architecte Lord Norman Foster et dont l'investisseur est Hermitage Immobilier.

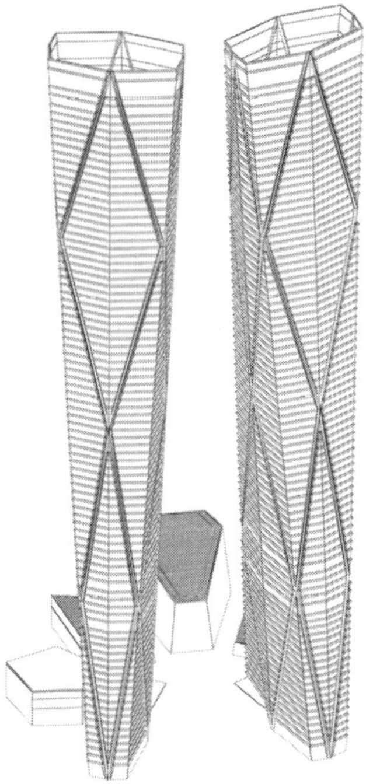

Figure 9-8 : Les tours Hermitage Plaza.

S'inscrivant dans le plan de renouveau de La Défense, résultat d'une concertation étroite entre le groupe Hermitage et le département des Hauts-de-Seine, l'EPADESA, la Ville de Courbevoie, son Atelier de paysage urbain et le cabinet d'architectes Foster + Partners, les tours sont des repères inédits dans le paysage. Elles expriment les nouvelles ambitions de La Défense par l'utilisation du nouveau plafond de hauteur autorisé.

Hermitage Plaza constituera un ensemble immobilier, puisque à côté de ces deux immeubles de très grande hauteur (ITGH) sont prévus quatre bâtiments de taille plus modeste. Le projet ne se limite pas à la seule construction de la plus haute tour mixte jamais construite en Europe. Le quartier sur lequel elle s'inscrit sera entièrement réaménagé avec la création de nouveaux espaces publics, en parc urbain. La route départementale, passant en contrebas, étant couverte, le quai de Seine s'ouvrira aux piétons, offrant une promenade inédite au contact du fleuve.

L'espace paysager, s'étendant sur une surface globale de plus de 3300 m^2 en plus de l'aménagement de rues piétonnes sera à la fois place et jardin planté d'arbres, ornementé d'une fontaine en son centre, et ménagera une vue nouvelle sur la Seine, dominée par un grand escalier.

La mixité des usages

Les tours se caractérisent par une variété d'usages inédite. Elles offriront cette mixité : les 96 premiers niveaux de la tour sud accueillent l'hôtel, le restaurant, une piscine et une salle de gymnastique et spa. Les étages de 27 à 91 sont occupés par des appartements de taille différente. Dans les deux tours principales sont prévus bien sûr des espaces pour les locaux techniques, de sécurité, de service, deux auditoriums d'environ 200 et 500 places.

Les quatre bâtiments de taille plus modeste sont répartis de la façon suivante : le bâtiment central de bureaux comprend un restaurant, des commerces et des bureaux, le bâtiment sud, de 10 niveaux est occupé par 136 logements étudiants et des commerces, l'un des deux autres « pavillons » est à usage exclusivement commercial et le deuxième est occupé par des boutiques et une galerie d'art. Les deux tours et les quatre bâtiments sont, par leurs usages, différents, mais constituent une même entité.

De multiples difficultés

Un projet d'une telle importance et totalement innovant dans notre pays rencontre à la fois des réticences culturelles et des difficultés administratives.

L'opération de démolition-reconstruction entraîne la disparition de deux immeubles de logements de l'ensemble de l'opération des Damiers : Anjou et Bretagne, propriété du bailleur Logistransport qui les a vendues au groupe Hermitages. Le relogement des locataires de ces deux immeubles a été une condition préalable aux projets des tours Hermitage Plaza – contrôlée par la préfecture des Hauts de

Seine. Ce relogement a nécessité l'implication de différents bailleurs sociaux, la mise en place d'un bureau de relogement et un travail très important d'information, de communication, de négociation, d'accompagnement.

On imagine aussi que la réglementation fut très complexe à adapter à une pareille opération. L'étude d'impact exigée compte 500 pages, et deux camionnettes venues de l'agence Foster de Londres ont été nécessaires pour acheminer l'ensemble des documents réglementaires ! Évidemment, il est impossible d'évoquer la totalité des textes exigés concernant l'urbanisme, l'inondabilité, la sécurité, les accès voirie, les dessertes par les réseaux, la collecte des déchets, les stationnements et les parkings, les espaces libres et les plantations, l'aspect des clôtures, des façades, des toitures.

Des documents incompréhensibles

Un seul exemple permet d'entrevoir la difficulté de la réalité réglementaire, quasiment incompréhensible : « Le POS (plan d'occupation des sols) de la ville de Courbevoie ne s'appliquant pas dans le POIN (périmètre d'opération d'intérêt national) couvrant le site et le projet de PLU (plan local d'urbanisme) de la ville de Courbevoie n'étant pas encore finalisé et applicable à la date du dépôt de permis de construire dans ce périmètre, seul le RNU (règlement national d'urbanisme) est applicable.

« Cependant, compte tenu de l'examen par le conseil municipal de la ville le 8 juillet 2009 du nouveau PLU de Courbevoie incorporant les sections du POIN, le projet s'est mis en conformité avec les orientations urbanistiques et le règlement dudit PLU, bien que celui-ci ne soit pas approuvé.

« Le décret d'application de la loi La Défense 2007-254 modifiant le RNU fut publié le 20 août 2009. Celui-ci est donc applicable pour le dépôt du permis de construire d'Hermitage Plaza Tour Sud. Notons, toutefois, qu'il n'est prévu aucun nombre minimal de places de stationnement et que le RNU stipule que le stationnement est à prévoir en fonction des besoins de la construction » (document intitulé « Descriptif technique du projet Hermitage Plaza », octobre 2010) !

Hermitage et l'architecte Foster ont conçu ces tours mixtes tout en réduisant de manière impérative l'impact de l'aménagement sur l'environnement. Les concepteurs ont adopté en quelque sorte une démarche holistique prenant en compte à la fois le site et les fonctions des bâtiments, sa flexibilité et sa durée de vie, ses orientations, les formes et les structures, les systèmes de chauffage et d'aération, les matériaux utilisés, la gestion du chantier. Tous ces éléments ont un impact sur la consommation énergétique des bâtiments tant au stade de la construction qu'à celui de l'exploitation. Foster + Partners a adopté des stratégies environnementales passives et actives telles que les architectes ambitionnent d'atteindre la mention « Excellent » décernée par la certification BREEAM. Il est vrai que 38 personnes ont travaillé pendant deux ans pour prétendre à cette distinction insigne !

Les permis de démolir et de construire déposés en octobre 2010 sont en instruction. Il est prévu que les travaux débutent en 2011 pour une livraison de l'immeuble début 2016.

L'architecte Foster a le mot de la fin : « Avec les grands projets de La Défense, on retrouve du dynamisme. J'ai le sentiment que Paris, dans son ensemble, vit aujourd'hui une renaissance. Comme ce fut le cas il y a dix ans à Londres. »

Chapitre 10

Un musée en plein air

Dans ce chapitre :

- L'expression d'une commune beauté
- La nécessité de créer le lien entre architecture et sculpture
- De Takis à Takis

La Défense, premier quartier d'affaires européen a eu, tôt dans son histoire, l'ambition de donner à l'art une place privilégiée. L'espace est vaste et des sculptures monumentales trouvent ici toute leur plénitude. Elles ont offert une nouvelle dimension à la fois à l'esplanade et à la forêt verticale des tours. Aujourd'hui, c'est un musée extraordinaire qui n'impose jamais de file d'attente.

Un contexte favorable à la création

Les dimensions de la dalle, sa topographie, les places cachées offrent autant d'opportunités pour que l'art se déploie dans ses différentes manifestations. Il fallait une ambition. Les responsables de l'EPAD ont su transformer leur intuition grâce à un contexte politique favorable à la création artistique.

Atmosphère, atmosphère !

L'art à La Défense, c'est d'abord l'expression d'une beauté intrinsèque. Ce n'est pas le résultat d'un geste immédiat, volontaire, mais plutôt la sédimentation longue de propositions et de constructions qui crée l'unicité du lieu. Trois éléments l'ont constituée en cinquante ans : la dalle-promenade-circulation large dans son amplitude, les immeubles de part et d'autre, allées rangées à l'impossible débordement, et le ciel plus présent que partout ailleurs. Il s'impose au-dessus de la trouée, entre les tours, avec une grande prégnance au bout des marches de la Grande Arche.

Étrange entreprise que de créer cette sorte d'île artificielle, où piétons et voitures s'ignorent, où les volumes et les espaces se conjuguent avec une certaine élégance et cohérence. Le spectacle est en outre changeant, surtout de l'hiver à l'été, du jour à la nuit, avec une égale harmonie malgré des perceptions, des impressions variées : l'hiver, quand, le matin, une mince couche de neige enveloppe l'ensemble de la dalle et qu'un soleil rouge apparaît au niveau de l'Arc de Triomphe ; l'été, l'esplanade blanche s'impose, écrasante d'une lumière directe. Les silhouettes noires se déplacent vite, points dérisoires sous le soleil et l'immensité des tours. Les tours ne sont pas uniformes, monotones ; les reflets multiples d'un bâtiment à l'autre se répondent, les jeux de miroirs des façades vitrées créent d'autres géométries, sortes de kaléidoscopes inattendus sans rationalités préconçues.

C'est aussi le mirage de la nuit, quand l'Arche impose son importante silhouette, grande ouverte. Sa mise en lumière, son élégant déhanchement créent une certaine sensualité. Et le CNIT, en sa géniale arcature, ne répond pas ou peu à l'appel de l'Arche. Tous les couronnements des tours sont habillés du logo blanc de leur identité. La nuit, les tours, par leurs volumétries, leur aspect à peine détecté, créent un ensemble fantomatique et unique. La nuit apaise les différences brutales, la dureté des angles, l'écrasement des surfaces au sol. Quand on remonte vers la fenêtre ouverte sur le monde, on apprécie le silence et une certaine sérénité seulement ponctués par les éclairages discrets des tours mettant en valeur les trames et les ouvertures. Seul un panneau publicitaire géant déroule sans fin ses messages aux couleurs très vives qui éclaboussent par leurs jaillissements son environnement immédiat en valorisant l'harmonie des transparences plus lointaines.

Aussi, les saisons, le jour, la nuit, les lumières et les ombres, les dimensions horizontales et verticales, les jeux des contrastes multiples composent une scénographie particulière, produit d'un lieu unique. Ce cadre, cette charpente insolite, possède la capacité d'accueillir un musée en plein air d'une richesse extraordinaire.

L'ambition de l'EPAD portée par un contexte favorable

Alors président-directeur général de l'EPAD, Jean Millier, ayant engagé un programme de sculptures, avait fait appel à Germain Viatte, conservateur du musée national d'Art contemporain et conservateur général des musées de France. On peut d'ailleurs estimer que cette initiation de Jean Millier par Germain Viatte au monde de l'art lui vaudra quelques années après d'être choisi pour présider et inaugurer le Centre Pompidou.

Tous deux retiendront le principe d'un concours international qui réunira 12 artistes du monde entier et donnera lieu à une exposition intitulée « Projets pour La Défense en 1974 ». Le volontarisme de la décision, l'unité de lieu, une capacité financière réelle ont été les ingrédients de ce musée d'art contemporain à ciel ouvert.

« Les réponses à cet appel d'idées international, écrira Germain Viatte, frappent, aujourd'hui, par une attitude tout à fait neuve qui privilégie le concept, suggère le parcours… Nombreux sont ceux qui rêvent de reconstituer là, sur cette plate-forme symbolique, quelque écosystème nostalgique ou futuriste… Si nombre de réponses s'avèrent irréalisables, le choc de ces artistes, réputés à divers titres, avec la réalité d'un quartier en perpétuelle évolution fut un effort incontestablement fécond. Il constitue sur le moment un stimulant pour les architectes et les ingénieurs de l'EPAD.

« Il faut insister sur le fait que cette politique (publique) s'employait non pas à imposer une "culture d'État" ou les fantaisies individuelles de personnalités appartenant à l'administration, mais, par sa diversité, à répondre aux ambitions des artistes en mettant les moyens de l'État à leur disposition », est-il écrit dans *L'Art dans les villes nouvelles. De l'expérimentation à la patrimonialisation.*

N'oublions pas le rôle important joué par Monique Faux (1924-1997), conseiller pour les arts plastiques du ministère de la Culture pour la région Île-de-France et les villes nouvelles, ainsi que son adjointe Sabine Fachard.

Le foisonnement des œuvres

La découverte des sculptures surprend par leur variété dans les volumes, les couleurs, l'expression et l'opportunité de leur implantation.

Les œuvres des chefs

Les chefs-d'œuvre de ce musée d'art contemporain à ciel ouvert sont évidemment *Le Grand Stabile rouge*, de Calder (1976), de 75 t de métal, qui fait face au couple coloré de 11 et 12 m de haut de Miró (1980). La grande sculpture rouge, à la fois forte et légère dans sa relation au vide et au plein, occupe pleinement le parvis. En face, les formes de Miró, tout de guingois, aux couleurs vives, font penser à de débonnaires figures de carnaval.

Dans cet espace neuf, libre de toute histoire patrimoniale, les sculptures de toute nature, de toute forme et de tout volume s'inscrivent dans leur seul rapport avec l'échelle de l'esplanade, des tours et du ciel. *Les Arbres lumineux*, de Takis (1990), bornent les limites du quartier à l'intérieur de la fenêtre de l'Arche d'un côté, et clignotent, les pieds dans l'eau du « Bassin » (1988), devant l'axe historique de l'autre côté, comme des signaux rassurants ou des guides de piste d'aéroport.

Johann-Otto von Spreckelsen était un grand admirateur de cette « forêt lumineuse » de Takis.

Au centre, la fontaine Agam attire les promeneurs à la belle saison. Fascinés, ils prennent place sur les émaux aux 86 couleurs, préparés à Venise, comme sur le rebord de leur baignoire. Partout, l'art se donne à voir ou à entrevoir, se laisse désirer ou se fait découvrir. Par exemple, *Le Pouce*, de César (1994), de 12 m de haut, 4 m de diamètre et 18 t de bronze, exclusivité de La Défense, se situe place Carpeaux, à proximité du CNIT. Defacto lui cherche aujourd'hui un autre emplacement pour permettre la reconstruction de la tour Phare.

La visite plus intime continue

Michel Moritz, architecte à l'EPAD, joua, depuis l'origine, un rôle important dans le choix des œuvres et leur implantation. Dans *Une promenade à La Défense*, il nous invite avec le photographe Gueorguy Pinklassov à la découverte des ambiances du quartier, par une série de ponctuations poétiques et de rêveries qui s'intitulent : « Être dans le ciel » ; « Être au soleil » ; « Être au bureau » ; « Être en visite » ; « Être à pied ». Il nous promène, nous incite à découvrir *Le Somnambule* (1993), d'Henri de Miller, « qui n'en finit pas de rechercher son chemin », de hauts cylindres décorés soit en cheminée végétale (2004) par Édouard François, soit décorés de couleurs éclatantes par Moretti – *Le Moretti* (1990) –, soit couvertes d'une mosaïque de céramique – *Les Trois Arbres* (1988), de Guy-Rachel Grataloup. Ce sont quelques-unes des cheminées de ventilation assurant la qualité de l'air dans les souterrains et parkings.

Michel Moritz nous aide à repérer « sous les platanes une drôle de grenouille, devenue aussi grosse qu'un bœuf. C'est une fontaine à boire, œuvre du sculpteur Torricini… La patine dorée du bronze aux endroits où l'on s'agrippe témoigne de la générosité de cette œuvre sculpture à voir, à toucher, à consommer ».

En avançant sur l'esplanade centrale, l'œuvre de François Morellet, sorte de barre métallique brutale, *La Défonce* (1990), semblant sortir des profondeurs de la terre et transpercer le bâtiment du Fonds national d'art contemporain (FNAC), s'impose. Notons aussi la première œuvre mise en place : *L'Oiseau mécanique* (1972), de Philolaos, à la structure en acier inoxydable, entre inspirations naturelles et urbaines.

Cette promenade est riche, variée, c'est une invitation à la découverte de l'art contemporain. Elle peut être utilement alimentée par le *Guide des œuvres d'art* (édité par l'EPAD).

La visite sera complète si la curiosité fait découvrir sous l'esplanade « les trompettes, les orgues d'eau et les machines à musique de Patrick Morellet ». À quelques centaines de mètres, toujours sous la dalle, repose, dans son antre, *Le Monstre* (1973), de Raymond Moretti. « Baptisé ainsi par Joseph Kessel, il s'agit d'une œuvre à l'architecture évolutive et multiforme s'enchevêtrant de manière impressionnante sur plusieurs étages » (*La Défense. L'esprit et le temps*). De 30 m de long, de 13 m de large, de 8 m de haut et d'un poids de 20 t, l'œuvre se trouve à 23 m de profondeur sous la fontaine Agam.

Les secrets de l'aménageur

Ce cheminement évidemment partiel, puisque plus de 68 œuvres sont installées dans le quartier central et plus d'une dizaine dans le quartier du Parc, n'aurait pas pu être parcouru sans la volonté forte de l'EPAD, commanditaire exemplaire en matière d'œuvres d'art publiques. Aujourd'hui, les sculptures, par leur histoire, leur forme, leur implantation, sont un signe d'identité fort et pérenne du quartier. Il revient à Defacto de les entretenir et de poursuivre cette politique artistique.

À La Défense, c'est grâce à une politique ambitieuse et volontariste initiée par la commande politique que l'art a pris une dimension innovante dans un paysage architectural singulier. Les artistes, associés aux aménageurs et aux architectes, ont su apporter leur contribution à l'édification de ce nouveau quartier.

Quatrième partie

De la gestion et du changement d'échelle

Dans cette partie…

Pour assurer la continuité et la gestion d'une « ville » comme La Défense, la gouvernance doit être à la fois très forte et évolutive. Les instruments de gestion ont évolué au fur et à mesure que le périmètre du secteur se développait et que les projets se multipliaient.

Chapitre 11

L'EPAD et l'EPASA

Dans ce chapitre :

- L'EPAD, de la Seine à l'Arche, puis de l'Arche à la Seine
- L'EPASA, de l'Arche à la Seine
- L'unification de gouvernance et un plan de renouveau

L'Établissement public d'aménagement de la région de La Défense est créé en 1958 pour aménager le futur quartier d'affaires à partir de la Seine. La Grande Arche marquera une limite… provisoire. En effet, en 2000, l'Établissement public d'aménagement Seine Arche, dont le périmètre va jusqu'à la Seine, est créé.

L'EPAD, de la Seine à l'Arche

En 1956, le périmètre d'intérêt général de La Défense comprend deux zones d'une superficie totale de 750 ha. La zone A (130 ha), à cheval sur les communes de Puteaux et de Courbevoie, deviendra le quartier d'affaires. La zone B (650 ha) concerne une partie de Nanterre. Le secteur pose des questions d'acquisition, d'expropriation et de financement. Après la forte impulsion du CNIT, l'État souhaite poursuivre son œuvre de construction, mais les communes sont opposées à des développements urbains pour lesquels elles ne sont, à l'époque, guère associées.

Cet espace soulève rapidement des problèmes de responsabilité et de gestion complexes. Ainsi, pour la première fois en France, l'Administration créa par le décret du 9 septembre 1958 un établissement public à caractère industriel et commercial dont la raison d'être était l'aménagement du territoire : l'EPAD, Établissement public d'aménagement de la région de La Défense. L'EPAD est chargé, pour une durée de trente ans, de procéder à toutes opérations de nature à faciliter la réalisation du projet d'aménagement.

L'acquéreur foncier

L'EPAD est chargé de cinq grandes tâches :

- Acquérir et libérer les sols ;
- Concevoir et réaliser des infrastructures et des équipements publics ;
- Gérer son patrimoine ancien et nouveau ;
- Céder des terrains aménagés ou des droits de construire ;
- Animer et promouvoir La Défense.

Concrètement, l'établissement public est maître d'œuvre de l'ensemble de l'aménagement du quartier de La Défense et maître d'ouvrage de toutes les infrastructures.

Il intervient donc de manière différente selon la nature des travaux. Il conçoit et réalise l'ensemble du réseau routier pour le compte du ministère de l'Équipement ou des collectivités locales. La RATP le chargera ainsi de construire la station du Réseau express régional du rond-point de La Défense. Il assure la réalisation, à la fois comme maître d'ouvrage et maître d'œuvre, de la construction de la dalle, qui concerne l'ensemble du quartier d'affaires et recouvre les milliers de places de parking souterrain.

En revanche, en ce qui concerne la construction de logements ou de bureaux, l'EPAD joue un rôle d'acquéreur foncier et aménageur. Il acquiert des terrains, voire en mène l'expropriation, en assure l'aménagement et revend les charges foncières à des investisseurs ou des promoteurs.

L'EPAD, établissement public à caractère industriel et commercial, est tenu d'équilibrer ses dépenses et ses rentrées. Ses recettes proviennent essentiellement des charges foncières correspondant à la cession des droits à construire et au prix de vente des terrains aménagés. Ses dépenses sont consacrées aux espaces publics.

Le financement des opérations de bureaux et de logements est en totalité à la charge du secteur privé. Concernant les communes, bien qu'il n'y soit pas obligé juridiquement, il a passé des conventions assurant à ces dernières assistance et collaboration.

Le conseil d'administration

Le conseil d'administration de l'EPAD est constitué de 18 membres : 9 représentants des collectivités locales et établissements publics et 9 représentants de l'État (1 à la culture, 3 à l'économie, 4 à l'équipement et aux transports, 1 à l'intérieur).

Le premier président du conseil d'administration est André Prothin. Il siège au Comité supérieur de l'aménagement et de l'organisation de la région parisienne, constitué en 1928 pour tenter de juguler le développement anarchique de la périphérie parisienne. Aux côtés d'Henri Prost, Raoul Dautry, Henri Sellier et d'autres personnalités, André Prothin concourt à définir les conditions de la planification urbaine de la région avec détermination. « L'opération d'urbanisme entreprise à La Défense s'attache à résoudre quelques-uns des problèmes fondamentaux qui se posent à l'homme du XXe siècle. Elle a l'ambition d'apparaître comme un symbole », écrit-il.

Dans un premier temps, l'EPAD joue le rôle d'acquéreur foncier : il lance les expropriations sur 415 ha et 1 650 propriétaires. Après avoir déplacé et relogé 480 ateliers ou usines et familles, l'EPAD va procéder aux premiers aménagements.

Les premiers aménagements à l'étude

Un groupe d'études est constitué autour de Claude-Hugues Boistière et de personnalités comme Robert Auzelle et Paul Herbé.

La formule de l'établissement public plutôt que celle de la société d'économie mixte n'est pas très attractive pour les entreprises. En effet, dans une société d'économie mixte (SEM), l'État participe aux frais et le privé participe aux bénéfices, alors que l'établissement public se fonde sur un équilibre entre les dépenses et les recettes, dans le cadre de la comptabilité publique gérée et contrôlée par une agence comptable émanent du ministère de l' Économie et des Finances.

Le statut retenu est le résultat de la volonté des trois communes concernées (Puteaux, Courbevoie et Nanterre) et du conseil général de la Seine de ne pas encourager une opération brutale de rénovation privée et l'expulsion de tous les habitants (environ 20 000). Les plans-masses de 1959 et 1964 réglementent de façon sévère les dimensions des tours : 42 m sur 24 m et ne dépassant pas 100 m de hauteur, ce qui limitait les surfaces de bureaux à 28 000 m^2 (le numéro de téléphone de l'EPAD était d'ailleurs Boileau 42-24 !).

La dalle se pose

La notion de dalle prend progressivement forme – réponse opportune apportée aux contraintes du site : assurer la desserte du nouveau quartier et prévoir l'accès autoroutier à la capitale.

En 1963, une synthèse des travaux publiée par l'EPAD précise l'organisation de la dalle, la répartition du programme entre immeubles de logements, bureaux, commerces, etc. Selon le plan-masse établi cette année-là et approuvé par le Comité d'aménagement de la région parisienne (CARP), le programme comprend 800 000 m^2 de bureaux et 5 000 logements, soit un doublement depuis les études de 1957. Il est important de souligner qu'André Prothin souhaitait que l'opération s'étende au-delà du rond-point de La Défense, insérant la zone située de l'autre côté de la ligne de chemin de fer. Les grandes lignes du projet sont arrêtées à un système de voie ou d'accès particulier correspondant à chaque type de circulation.

Cette organisation de la dalle est à l'origine d'une formule juridique originale qui permet la dissociation de la propriété du sol des volumes à construire. Cette séparation permet à l'EPAD de rester propriétaire du secteur concerné. Concrètement, les promoteurs sont invités à acheter « un droit à construire » qui est en fait un « volume d'air » ! Ce volume, fixe pour chaque promoteur, respectera les dimensions prévues.

En 1961, le coût d'aménagement global de la zone était estimé à 575 millions de francs, 1 158 millions de francs en 1964 et 2 082 millions de francs en 1968; cette augmentation importante s'explique par l'augmentation des acquisitions foncières (100 ha en 1961, 126 en 1968) et par l'évolution des dépenses d'infrastructures. Les premiers immeubles construits furent l'immeuble Esso, puis la tour Aquitaine en 1965, et enfin la tour Nobel, qui sera achevée en 1967 (voir chapitre 9).

Toutefois, à cette époque, le quartier ressemble plus à un immense chantier qu'à un quartier d'affaires. Mais La Défense compte déjà une centrale de climatisation et de chauffage, 3 500 places de parking, 15 km de galeries techniques, plusieurs échangeurs routiers, 6 ha de dalles pour piétons.

La demande explose, le ministre Chalandon aussi !

Mais les attentes évoluent et les normes initiales ne sont plus en adéquation avec les attentes des entreprises et des promoteurs. En 1969-1970, les demandes en surfaces de bureaux augmentent rapidement. Les sociétés, les banques ont besoin de 30 000 à 50 000 m^2 et La Défense est le seul lieu où de telles surfaces peuvent être disponibles.

Au journal *L'Aurore* du 29 septembre 1969, le ministre de l'Équipement et du Logement, Albin Chalandon, déclare son impatience : « L'EPAD, ça suffit ! » titre le journal. Pour le ministre, le projet de La Défense a déjà coûté bien trop cher et il a donc nommé un directeur général qui aura carte blanche à condition de rendre ce projet rentable.

Le 18 novembre 1971, le président de la République, Georges Pompidou, faisant la tournée des départements de la petite couronne, est accueilli par Jean Millier, alors président-directeur général de l'EPAD et remplaçant d'André Prothin (disparu dans un accident de la route, le 30 juillet 1971).
Le président-directeur général évoque les débuts du quartier d'affaires : 7 tours de bureaux en service, 7 autres en construction, 11 lignes d'autobus et seulement 6 000 places de parking. Dans son allocution, Georges Pompidou salue

les réalisations du département, exhorte les communes de la banlieue parisienne à la solidarité et, concernant La Défense, il répond lui-même à l'interrogation de bon sens qu'il pose : « Fallait-il concevoir tout cela ? Je ne sais pas. Mais dès lors qu'on l'a conçu et qu'on a commencé à le construire, il faut terminer ! »

Le même jour, le président de la République inaugure le trajet La Défense-Auber à bord d'une rame du RER. La station Auber, alors terminée, met La Défense à huit minutes du quartier de l'Opéra.

Le plan-masse révisé de 1964 permet le doublement de la capacité à construire des bureaux : la limitation de hauteur n'est plus un obstacle et l'on passe de 800 000 m^2 à 1 600 000 m^2.

Une tour trop haute et un déficit financier trop profond

Les dettes de l'EPAD atteignent 540 800 000 francs en 1972 et les dépenses d'aménagement réalisées de 1968 à 1972 représentent plus de 63 % de celles qui ont été réalisées depuis 1958. Pour éviter la déroute, l'EPAD est obligé d'intensifier la commercialisation des surfaces disponibles.

En juillet 1972 éclate la polémique concernant la tour Gan, visible derrière l'Arc de Triomphe. Puis la question de la fermeture de l'axe se pose avec le débat autour de la question de la Tête Défense (voir chapitre 6).

De 1973 à 1978, la crise pétrolière et financière marque l'arrêt des investissements. L'affaissement du marché immobilier de bureaux est le résultat d'une surproduction de surfaces offertes. Les tours Generali, Neptune ou Manhattan restent vides ou sous-occupées. L'EPAD annonce un déficit prévisionnel de 800 millions de francs.

Le sauvetage

« L'État ne peut pas abandonner La Défense », s'exclame Pierre-Louis Filippi, directeur général de l'EPAD depuis février 1977.

En 1978, Raymond Barre, Premier ministre de Valéry Giscard d'Estaing, annonce la poursuite du quartier de La Défense et autorise la construction de 350 000 m^2 supplémentaires de bureaux. La reprise s'amorce et Citibank, première banque mondiale, affirme son intention de construire un immeuble de 21 000 m^2 en face du CNIT.

Le centre commercial des Quatre Temps est inauguré le 2 mars 1981 par Raymond Barre : « Ce centre, a-t-il déclaré, est le symbole même des efforts sans précédent que le commerce a accomplis depuis quinze ans pour se moderniser et s'adapter à notre temps dans un climat de concurrence active et de saine émulation. »

Il comprend 105 000 m^2, 160 boutiques, 15 restaurants et devient le plus grand « complexe » d'Europe de ce type.

Mots de tête

La Défense cherche son couronnement depuis de nombreuses années : on a évoqué l'édification d'une tour de 250 m de haut et la construction d'un double gratte-ciel en forme de V gigantesque, nommé alors « Diapason », de l'architecte Pei (voir le chapitre 6). Puis, Émile Aillaud, sous la présidence de Georges Pompidou, propose ses immeubles-miroirs de 70 m de haut ; une nouvelle consultation lancée sous la présidence de Valéry Giscard d'Estaing désigne Willerval lauréat grâce à ses miroirs-cristaux.

L'élection du président Mitterrand remet tout en cause et un concours international lancé le 7 juillet 1982 verra le triomphe du danois Johann-Otto von Spreckelsen (voir le chapitre 6).

La transparence du projet permet d'ouvrir La Défense sur son avenir. Le rapport du conseil d'administration sur l'exercice 1981 de l'EPAD indique, dans son préambule, l'essor et l'activité de La Défense, grâce aux perspectives arrêtées pour Tête Défense et à l'ouverture du centre commercial, qui accueille alors désormais 30 000 à 40 000 personnes par jour, et 200 000 la veille de Noël.

Depuis 1980, le marché immobilier a repris de plus belle et les promoteurs et architectes conçoivent la troisième génération de tours à une échelle plus humaine ; les grands plateaux paysagers sont remplacés par des bureaux individuels, éclairés naturellement. Entre la tour Fiat et la tour Elf se sont écoulés dix ans et c'est le même cabinet Saubot et Julien qui les a construites, mais leur réalisation tient compte des effets de la crise récemment affrontée : nouveaux matériaux, nouveaux vitrages, conditionnement d'air plus souple, conditions de travail plus agréables et économies de gestion importantes.

C'est l'époque brillante de l'urbanisme réglementaire où les techniciens, architectes, urbanistes parlent entre eux en usant d'un vocabulaire compris seulement par eux-mêmes.

Un langage de spécialistes

Le guide *La Défense. Histoire et histoires*, publié par l'EPAD en 1991, livre une illustration de ce langage abrégé et incompréhensible du commun des mortels : « Comme vous le voyez ici sur le plan d'épannelage, le MB13 situé à 200 m du point M et face au MB109, respecte le 85 NGF défini par l'article B1B8 du règlement du PAZ de la ZAC B1… Parlons en clair. Le titre signifie : approbation définitive du plan d'aménagement de zone de la zone d'aménagement concerté du périmètre B1, c'est-à-dire le quartier du Parc. Encore plus clairement dit, il s'agit du plan et du règlement qui définissent ce que l'on peut y construire. »

Le conseil d'administration présidé par Joseph Belmont fait apparaître dans le rapport sur l'exercice 1983 que « l'activité a été soutenue et que dans le quartier d'affaires 178 000 m^2 de planchers de bureaux ont fait l'objet d'actes de cession tandis que 40 000 m^2 faisaient l'objet d'une promesse de vente ».

On fête les 30 ans

En 1988, La Défense fête ses 30 ans. Le 9 septembre 1958, rappelons-le, le *Journal officiel* publiait le décret 58-815, dont l'article 1er stipule : « Il est créé un établissement public de caractère industriel et commercial chargé de procéder à toutes opérations de nature à faciliter la réalisation du projet d'aménagement de la région dite de La Défense. » L'article 2 précise que « cet établissement prend le nom “d'aménagement de la région de La Défense”. Sa durée est de trente ans ».

Le 9 septembre 1988, l'EPAD, en réalisant un nouveau quartier d'affaires international à Courbevoie, Nanterre et Puteaux, considère qu'il a mené sa mission à bien.

N'OUBLIEZ PAS !

Ce trentième anniversaire, qui devait marquer l'achèvement de la mission, marque le début d'une nouvelle étape. L'EPAD a été prolongé jusqu'au 31 décembre 1992 (*JO* du 26-01-1988). Lui sont assignés les objectifs de compléter les aménagements et de développer les services aux habitants et aux entreprises, mais aussi l'ambition que La Défense devienne un pôle d'animation pour les Franciliens.

Des festivités à la mesure des accomplissements

Le programme des festivités est fort riche : illuminations avec rayons laser matérialisant l'axe triomphal, écran géant exposant trente ans d'images d'archives, exposition de 100 maquettes illustrant le trentenaire, eaux d'artifice sur la fontaine Agam, opération portes ouvertes durant laquelle le personnel de La Défense répond à toutes les questions.

Cet anniversaire marque peut-être un tournant dans l'image que donnait La Défense : un quartier d'affaires froid et triste, peu attractif. La Grande Arche a sans doute contribué à donner au quartier cette nouvelle image en attirant de nombreux visiteurs d'Île-de-France mais aussi de tous pays. Et puis, le CNIT, devenu le « Centre des nouvelles industries et technologies », a été rénové par les architectes Andrault et Parat, conseillés par Bernard Zehrfuss, architecte du premier CNIT.

30 ans et un bilan

Un trentième anniversaire offre l'occasion, même si l'exercice peut paraître artificiel, de faire une sorte de bilan de la construction et de la gestion de ce quartier unique qu'est La Défense.

Le quartier a connu des évolutions, des temps forts, des périodes mortes, mais le grand dessein de constituer un quartier d'affaires aux portes de Paris a été marqué par une forte continuité, assurée par l'État et les gouvernements successifs.

C'est un puissant quartier d'affaires attirant des entreprises d'Île-de-France, de France mais aussi d'Europe et du monde entier. Sa vocation internationale en fait un atout économique majeur pour la région et le pays.

En outre, la Grande Arche, accueillant le Sommet des pays industrialisés, le CNIT révisé, les fêtes des 30 ans et du bicentenaire ont contribué à créer un site touristique désormais fréquenté par des visiteurs de tous pays.
La modernité du quartier s'affirme à la fois par sa silhouette dans le paysage parisien, l'architecture innovante, le jardin des sculptures et la place donnée aux nouvelles technologies de communication.

C'était la fête, mais quel État gère ?

Toutefois, plusieurs questions restent essentielles pour assurer la cohérence des projets à venir et peut-être aussi amplifier l'attractivité du secteur dans un environnement mondial de plus en plus concurrentiel : c'est la maîtrise de la gestion de cet ensemble complexe et unique. C'est aussi la bonne prise en compte des décisions d'aménagement en application des règles d'urbanisme en vigueur, et c'est enfin la difficile et nécessaire relation à construire et à faire perdurer entre l'EPAD (qui est en fait le produit et l'instrument de l'État) et les communes directement impliquées.

Quelle structure – et de quelle nature ? – peut prendre « la responsabilité de la gestion du patrimoine public et des fonctions d'utilité collective de cet ensemble exceptionnel ? Il s'agit en effet de garantir la cohérence et l'efficacité du fonctionnement et de poursuivre et d'épanouir la valorisation de tous ses atouts économiques et culturels ». Telles sont les réflexions et les questions que se posait, en novembre 1989, Pierre Mayet, président de l'EPAD d'avril 1989 à avril 1993, dans un texte intitulé « Rapport sur l'achèvement et l'avenir de La Défense ».

L'Arche, perspective de l'avenir de La Défense

En 1983, le projet de Johann-Otto von Spreckelsen est choisi par François Mitterrand. Pour l'architecte danois, l'Arche était une ponctuation provisoire sur la grande perspective qu'il fallait poursuivre en réalisant une opération d'aménagement urbain mêlant immeubles d'habitation et immeubles de bureaux.

Comme l'exprime avec une franchise certaine Patrick Demeyer dans son *Histoire et histoires de La Défense* publiée par l'EPAD, en 1991 : « En fait, au cours des décennies, Nanterre n'a pas eu les meilleures parts du grand gâteau qu'est devenue La Défense. En simplifiant : à Puteaux et à Courbevoie, les bureaux qui rapportent beaucoup de taxe professionnelle et les monuments de prestige, et à Nanterre les voiries qui cisaillent son territoire et les cités HLM qui relogèrent les expulsés des bidonvilles… sans évoquer la gare de triage, deux cimetières, la préfecture, l'université, le RER aérien, des terrains vagues et des entrepôts. »

Une tempête en plein été

Le 1er août 1990, le ministre de l'Équipement, du Logement et des Transports, Michel Delebarre, annonce, dans les locaux de l'EPAD : « Le gouvernement a décidé, à la demande du président de la République, de poursuivre l'axe historique au-delà de la Grande Arche. »

Il s'agit alors de confier à l'EPAD la réalisation d'une opération d'aménagement urbain, économique et social, constitué d'un programme de 1 200 000 m^2 de logements, de 600 000 m^2 de bureaux et 300 000 m^2 de locaux liés à la formation. Des tronçons de la future A14 seraient détruits, elle serait réalisée en tunnel, dégageant ainsi le terrain de l'Arche à la Seine sur 120 m de large, et le RER serait enterré sous l'université.

Le 10 octobre 1990, l'opération est déclarée d'intérêt national. Après les protestations des élus de Nanterre concernés contre la décision unilatérale de l'État et de longues discussions, l'EPAD lance en 1990 une consultation internationale. C'est le projet Universeine, dont Paul Chemetov et Borja Huidobro sont lauréats mais, seul reliquat de la proposition, la « jetée » assurant la continuité de l'axe sera réalisée en 1995.

L'année 1992 est importante dans l'histoire de La Défense : le métro arrive enfin et les travaux de la Grande Arche dont l'EPAD a la responsabilité commencent. « 1992 voit aussi le début du projet Cœur Défense appelée à remplacer "l'ancêtre du quartier" (l'immeuble Esso), avec la mise en service de la tour Pacifico, première tour du quartier Valmy dans lequel la Société générale a décidé d'installer son siège et l'ouverture de la Colline de l'automobile avec son dôme IMAX », s'enthousiasme Alain Maugard, alors directeur général de l'EPAD.

Les stations de métro Esplanade de La Défense et Grande Arche de La Défense sont ouvertes. En 1992, le grand chantier de l'aménagement du périmètre de l'EPAD à l'ouest de la Grande Arche démarre pour… au moins dix ans.

Dix ans plus tard

En 2002, Christian Bouvier, directeur général de l'EPAD, présente ses vœux dans le magazine de La Défense, en dressant le bilan de 2001 : Cœur Défense et la tour EDF ont été livrés, et le projet de la rénovation du boulevard circulaire avance.

La plaquette 2002 « L'EPAD prépare l'avenir de La Défense » est explicite sur les conditions de la fin de sa mission : l'établissement public estime que d'ici à 2005 l'équilibre financier devrait être assuré et qu'il pourra mettre un terme à sa mission d'aménagement. Cependant, un comité prenant en charge la gestion des espaces publics, l'animation et l'urbanisme du quartier d'affaires devrait alors être créé.

De l'Arche à la Seine, l'EPASA s'ajoute à l'EPAD

Le quartier de La Défense est confronté alors à deux questions essentielles : en premier lieu, celle de la gestion des espaces dans leurs multiples aspects et, en second lieu, son développement au-delà de l'Arche. L'EPASA est alors créé pour un développement maîtrisé, à la demande des élus, associations et habitants de Nanterre.

L'EPASA

Dix ans après la décision du président François Mitterrand du 1er août 1990, les conditions de la poursuite de l'axe historique sont remplies : « En vertu du décret de création du 19 décembre 2000, l'EPA Seine Arche (EPASA), établissement public d'aménagement de l'État, à caractère industriel et commercial, a reçu pour mission : la conduite des études, la maîtrise foncière, le montage des opérations, l'aménagement, la commercialisation et la gestion financière des opérations. L'EPASA a en charge la gestion financière de l'opération, dont l'équilibre repose sur la vente des terrains qui doit permettre de financer le fonctionnement de l'établissement et les investissements engagés pour réaliser les aménagements. »

L'État confie donc, en plein accord avec la Ville de Nanterre et en partenariat avec la Région Île-de-France et le département des Hauts-de-Seine, l'aménagement de ce territoire. L'EPASA, comptant 35 collaborateurs, est présidé par Patrick Jarry, maire de Nanterre, et dirigé par Michel Calen (décédé le 23 octobre 2007), remplacé jusqu'en octobre 2008 par Philippe Courtois.

De par son ampleur – 320 ha de périmètre d'opération d'intérêt national –, ses enjeux et sa situation emblématique entre la Seine et l'Arche de La Défense, dans le prolongement de l'axe historique, l'opération Seine Arche à Nanterre compte parmi les programmes phares d'aménagement sur le plan national. L'objectif de cette opération est de restaurer la qualité du paysage urbain dans un secteur marqué par des infrastructures de transport et de relier les différents quartiers de Nanterre. Un programme de 640 000 m^2 est projeté – avec un objectif de mixité sociale et fonctionnelle –, répartis en 200 000 m^2 de bureaux, 300 000 m^2 de logements, libres, intermédiaires et sociaux, 100 000 m^2 d'équipements publics structurants et privés, 40 000 m^2 d'équipements de proximité. 124 ha sont à aménager, comprenant la ZAC Seine Arche – 119 ha (2001) – et la ZAC Rouget-de-Lisle – 5 ha (2002).

En novembre 2002, le projet urbain des Terrasses de Nanterre est arrêté et c'est l'équipe d'architectes urbanistes Treuttel-Garcias-Treuttel qui est sélectionnée à l'unanimité du jury.

Vers une unification de la gouvernance

Le 14 octobre 2008, par arrêté du ministre de l'Écologie, de l'Énergie, du Développement durable et de l'Aménagement du territoire, Philippe Chaix est nommé directeur général de l'EPASA, à Nanterre, en remplacement de Philipe Courtois. Également par arrêté du 14 octobre 2008, Philippe Chaix est nommé directeur général de l'Établissement public pour l'aménagement de la région dite de « La Défense » (l'EPAD), en remplacement de Bernard Bled.

Interviewé par Thierry Paquot pour la revue *Urbanisme* (hors-série n° 34, décembre 2008), Philippe Chaix donne les grandes orientations de la politique qu'il souhaite mener : « Cette nouvelle Défense, nous l'imaginons tout d'abord plus belle et plus ambitieuse. Des tours de 300 m aux formes nouvelles, loin du carcan parallélépipédique, vont bouleverser la *skyline* du quartier d'affaires. Mais elles vont, outre l'aspect formel, transformer l'image du site. Un des objectifs du plan de renouveau, c'est de rendre La Défense plus humaine, plus vivante, plus animée. Les nouvelles tours apporteront par leur mixité d'usage une nouvelle vie. Tous les pieds de tours seront sources d'animation avec des commerces, des lieux de vie et de rencontre. Évidemment, tout ceci devra être en harmonie avec l'exigence d'exemplarité en matière de développement durable. La Défense devra, bien sûr, conserver ses fondamentaux d'opération phare du dynamisme français. La réflexion sur le Grand Paris met de nouveau La Défense au cœur de l'aménagement de la Région capitale. Il m'appartient de mettre en place des groupes de travail rassemblant tous les interlocuteurs impliqués (EPAD, EPASA, EPGD, élus…) pour élaborer ensemble un projet cohérent qui devra être partagé par tous. »

Au printemps 2005, l'EPAD, à la demande de l'État, réfléchit au devenir de La Défense. Vitrine du dynamisme économique de la France, La Défense doit conforter son statut de premier quartier d'affaires. Un plan ambitieux est proposé par l'EPAD.

Le 28 juillet 2006, Nicolas Sarkozy, alors président de l'EPAD et ministre de l'Intérieur et de l'Aménagement du territoire, et Dominique Perben, adoptent les propositions suivantes :

- Démolition-reconstruction des immeubles obsolètes pour au moins 150 000 m²;
- Construction de 300 000 m² de bureaux neufs;
- Une tour Signal, nouveau monument remarquable;
- Construction de 100 000 m² de logements;
- Achèvement de la transformation du boulevard circulaire en un boulevard humain et urbain;
- Renforcement de la desserte du quartier d'affaires;
- Priorité au développement durable;
- Participation au développement équilibré de la région Île-de-France.

Ce plan de renouveau (voir chapitre 14) est élaboré sous l'impulsion de Bernard Bled, directeur général de l'EPAD.

Une conjoncture économique contrastée

Dans son rapport concernant le marché des bureaux en 2008, commandé par l'EPAD, Monique Benisty fait le constat suivant : « En dépit des inquiétudes de la fin de l'année 2008, le marché des bureaux de La Défense résiste bien. Il reste le site dans lequel les volumes des demandes de première et seconde main sont les plus dynamiques en Île-de-France et confirme sa place de pôle européen de premier plan. »

L'année 2009 est la première année où l'EPAD est seulement aménageur. Depuis le 1er janvier, l'EPGD, devenu Defacto (voir chapitre 13), a pris en charge la gestion, l'exploitation et l'animation de La Défense.

Les points forts de cette année 2009 sont :

- La mise en œuvre du plan de renouveau;
- L'inscription du quartier d'affaires dans la ville;
- Une réflexion territoriale partagée avec les maires de Courbevoie, La Garenne Colombes, Rueil Malmaison, Suresnes, Puteaux et Nanterre et un travail partenarial

avec l'ensemble des services de l'État, les partenaires de La Défense, la CCI des Hauts-de-Seine, RFF, SNCF, RATP... ;

- Les décisions de l' État et de la région pour le développement et l'amélioration des transports et des liaisons routières ;
- La mise aux normes du développement du quartier d'affaires ;
- Le développement de la communication du projet ;
- Le rayonnement à l'international et notamment dans le cadre de l'association Réseau international des quartiers d'affaires durables, constituée le 28 février 2009.

Jean Sarkozy, un éventuel président du conseil d'administration de l'EPAD contesté

Un événement inattendu marque le mois d'octobre de l'année 2009. Afin de succéder à Patrick Devedjian, atteint par la limite d'âge du poste, fixée à 65 ans, Jean Sarkozy, représentant le conseil général au conseil d'administration de l'EPAD, décide de poser sa candidature pour en être le président, l'élection devant se dérouler le 4 décembre.

C'est alors qu'à l'annonce de cette potentielle présidence, l'opposition, les médias français mais aussi européens et internationaux, s'intéressent de très près à cette candidature... exceptionnelle. La télévision chinoise, CCTV, évoque la question, diffuse un reportage de trois minutes retraçant le parcours surprenant de « Jean Sarkozy, fils du président français, Nicolas Sarkozy », qui se verrait confier la présidence du CA du plus vaste quartier d'affaires européen à 23 ans. La polémique enfle, les pétitions s'accumulent, les sondages sont hostiles à la nomination. Pour le professeur de droit constitutionnel Dominique Rousseau, « cet événement n'est pas symbolique de la Ve République, mais plutôt de la culture monarchiste française latente dans notre pratique constitutionnelle depuis 1789 ».

Le 22 octobre, Jean Sarkozy annonce dans le journal de 20 heures de France 2 qu'il renonce à présenter sa candidature à la présidence du conseil d'administration l'EPAD. Le 23 octobre, il en sera élu administrateur et Joëlle Ceccaldi Raynaud, député maire de Puteaux, présidente.

Chapitre 12

L'EPADESA

Dans ce chapitre :

- L'extension du domaine
- La redéfinition des missions
- Un avenir en construction

Le décret du 2 juillet 2010 (*JO* du 3 juillet) portant sur la création de l'Établissement public d'aménagement de La Défense Seine Arche (EPADESA) et sur la dissolution de l'Établissement public pour l'aménagement de la région dite de La Défense (EPAD) et de l'Établissement public d'aménagement de Seine Arche (EPASA) marque une étape importante dans l'histoire de l'aménagement du quartier de La Défense.

Un territoire extra-large

La création de l'EPADESA s'insère dans le plan de renouveau de La Défense voulu en 2006 par Nicolas Sarkozy, alors ministre de l'Aménagement du territoire, président du conseil d'administration de l'EPAD et président du conseil général des Hauts-de-Seine. Placé sous la tutelle du ministre de l'Urbanisme, l'établissement est chargé de procéder à toute opération de nature à favoriser l'aménagement, le renouvellement urbain, le développement économique et social et le développement durable des espaces compris à l'intérieur du périmètre mentionné à l'article 1er du décret.

Le territoire concerné couvre une superficie de 564 ha s'étendant en partie sur quatre communes : Puteaux, Courbevoie, Nanterre et La Garenne-Colombes, et allant de la Seine (côté Paris) à la Seine (côté Nanterre). Il reprend les périmètres de l'EPAD et de l'EPASA, soit :

- Le périmètre de l'opération d'intérêt national de La Défense (160 ha), à Puteaux et à Courbevoie ;
- Le périmètre de l'opération d'intérêt national de Seine Arche (360 ha), à Nanterre ;
- De nouveaux secteurs représentant 44 ha ;
- La ZAC des Champs Philippe à la Garenne Colombes.

Des missions

N'OUBLIEZ PAS !

L'article 2 définit les missions de l'EPADESA, qui est habilité (pour son compte ou pour l'État, les collectivités territoriales et leurs établissements publics, dans le cadre de conventions) à :

- Réaliser des opérations d'aménagement et d'équipement ;
- Acquérir des immeubles bâtis ou non bâtis, au besoin par voie d'expropriation ;
- Céder les immeubles acquis par la voie d'expropriation ;
- Exercer le droit de préemption ;
- Réaliser les études et travaux nécessaires.

L'établissement peut, en outre, acquérir des immeubles bâtis et non bâtis et réaliser des opérations d'aménagement et d'urbanisme en dehors du périmètre initial.

L'EPADESA n'a la charge ni de l'entretien ni de l'animation des espaces publics qui incombent aux communes, à l'exception du périmètre de La Défense, où ces fonctions sont exercées depuis 2007 par le nouvel établissement public EPGD, devenu depuis lors Defacto (voir chapitre 13).

Un conseil d'administration

L'EPADESA est administré par un conseil d'administration de 16 membres (article 3 du décret) :

- Six représentants de l'État, désignés par les ministres chargés de l'Urbanisme, des Transports, de l'Architecture, de l'Économie, du Budget, des Collectivités territoriales ;
- Neuf représentants des collectivités territoriales : un représentant de la Région Île-de-France, désigné en son sein par le conseil régional ; deux représentants du département des Hauts-de-Seine, désignés en son sein par le conseil général ; un représentant de la Ville de Paris, désigné en son sein par la mairie de Paris ; un représentant de la commune de Courbevoie, désigné en son sein par le conseil municipal ; un représentant de la commune de La Garenne-Colombes, désigné en son sein par le conseil municipal ; deux représentants de la commune de Nanterre, désignés par le conseil municipal ; un représentant de la commune de Puteaux, désigné en son sein par le conseil municipal ;
- Une personnalité qualifiée désignée par le Premier ministre.

Le mandat des membres du conseil d'administration est de trois ans et renouvelable. Le conseil d'administration élit en son sein un président et des vice-présidents. Le président est élu parmi les membres représentant les collectivités territoriales, un vice-président au moins est élu parmi les représentants de l'État. Les fonctions de président, vice-président et administrateur sont bénévoles. Le conseil d'administration se réunit au moins quatre fois par an.

Les conditions réunies pour le renforcement du premier quartier d'affaires européen

Ainsi, l'EPADESA effectue les études préliminaires d'urbanisme et les études de faisabilité technique des différentes opérations. Il réalise au fur et à mesure de l'évolution du site les travaux d'infrastructure indispensables au développement du quartier d'affaires.

Grâce à la vente des droits à construire, l'EPADESA investit dans les infrastructures du quartier, comme les accès routiers (requalification du boulevard circulaire de La Défense), les transports ou l'aménagement des espaces publics, notamment autour des nouvelles opérations immobilières.

En fusionnant ces deux établissements publics, l'État souhaite affirmer la place du quartier d'affaires dans le concert des villes monde. Il s'agit d'un projet majeur pour l'ouest de la métropole capitale et, bien évidemment, dans le cadre du projet du Grand Paris.

Un directeur et une présidente

Philippe Chaix, directeur général de l'EPAD et directeur général de l'EPASA depuis le 14 octobre 2008, est nommé, le 10 novembre 2010, directeur général de l'EPADESA. Joëlle Ceccaldi-Raynaud, député-maire de Puteaux, a été élue le 5 décembre 2010 présidente du conseil d'administration de l'EPADESA.

Avant son élection, Joëlle Ceccaldi-Raynaud, présidente du conseil d'administration de l'EPAD, avait précisé sa position, en octobre, dans le journal en ligne *E-mag La Défense Seine Arche* : « Ma volonté est d'agir pour le renouveau de La Défense en privilégiant l'échange et la concertation avec tous les acteurs concernés par l'avenir du premier centre d'affaires européen.

« Parallèlement à la construction de tours, les projets ne manquent pas pour faire de La Défense un lieu de vie, un quartier à la pointe, créateur d'événements. Enfin, notre préoccupation est d'améliorer le quotidien des usagers : cela passe avant tout par une rénovation des transports. L'extension du RER E à La Défense sera la solution majeure. L'aventure de l'EPAD se termine donc. Mais celle de La Défense, elle, se poursuit ! Le nouvel établissement a désormais autorité sur un quartier allant de la Seine à la Seine, et va porter de nouvelles ambitions. »

Le président du conseil d'administration de l'EPASA, Patrick Jarry, avait lui aussi fait part de ses intentions : « Avec la création de l'Établissement public de La Défense Seine Arche (EPADESA), nous amorçons une période nouvelle pour l'aménagement de l'Ouest parisien. Pour ce territoire, le défi principal est maintenant de concevoir la ville à vivre, la ville pour tous. Une ville où chaque personne – habitant, salarié, étudiant, visiteur, touriste – aura sa place.

« Ainsi, l'EPADESA devra mettre en œuvre le plan de renouveau de La Défense et poursuivre la réalisation du projet Seine Arche. Il devra conduire chacun d'eux à son terme en respectant les engagements pris pour ces deux projets si différents qu'il va falloir harmoniser en considérant les atouts et les attentes des six villes qui bordent ces territoires. La question des transports est première. Que ce soit le RER A, Eole, Grand Paris Express, le tramway : il y a des décisions urgentes à prendre. Chacun peut voir et imaginer la ville des dix prochaines années, les réflexions en cours. »

Un bilan provisoire

L'année 2010 amène à faire une sorte de bilan de cette aventure étonnante que furent le développement et la croissance rapide et complexe de ce quartier de La Défense, porté par l'EPAD, puis par l'EPASA et, enfin, par l'EPADESA, l'extension du périmètre répondant aux exigences à la fois économiques, sociales et urbaines.

Le quartier de La Défense Seine Arche fait partie des opérations d'intérêt national, celles-ci étant créées par l'État lorsqu'il juge son intervention prééminente pour, d'une part, rééquilibrer l'aménagement du territoire ou, d'autre part, doter la France de pôles économiques de premier plan et compétitifs au niveau mondial.

Cet engagement auprès des collectivités locales conduit à développer une politique d'équipements structurants et une offre de logements qui répondent aux besoins des habitants et des entreprises.

Seule l'intervention de l'État aux côtés des collectivités territoriales permet un apport massif de capitaux, de savoir-faire et d'expériences. Il existe treize opérations de ce type sur l'ensemble du territoire, dont sept en Île-de-France, parmi lesquelles celle de La Défense Seine Arche.

Premier pôle d'envergure internationale du Grand Paris et premier quartier d'affaires d'Europe, La Défense Seine Arche forme la tête de pont économique des quartiers d'affaires du centre et de l'ouest de Paris et du département des Hauts-de-Seine. Son PIB de 111 780 millions d'euros, qui le place juste derrière Paris, représente à lui seul 1/5 du PIB francilien.

Six atouts majeurs

La Défense Seine Arche, c'est à la fois :

- Un quartier d'affaires classé premier au niveau européen ;
- Un système de management environnemental ;
- Un fort potentiel de développement, avec près de 200 ha à urbaniser ;
- Des grands investissements de transports qui permettront la connexion avec les portes d'entrée aéroportuaires, ferroviaires du Grand Paris et portuaires du Havre ;
- Une gouvernance associant l'ensemble des acteurs publics : État, Région Île-de-France, conseil général des Hauts-de-Seine et les Villes de Courbevoie, Nanterre, la Garenne Colombes, Puteaux et Paris ;
- Une gestion, une exploitation et une animation du quartier d'affaires assurées par Defacto, en concertation avec les habitants et les entreprises de La Défense.

La Défense Seine Arche répond aujourd'hui aux standards et aux attentes des plus grandes entreprises internationales avec une qualité de l'offre immobilière au sommet du marché des grandes surfaces en Île-de-France (70 % de l'offre du site proposent des surfaces supérieures à 5000 m^2).

Un site exceptionnel pour les affaires

La Défense Seine Arche constitue un site privilégié pour l'implantation des fonctions stratégiques et des centres de décision de grands groupes français et internationaux.

De nombreux utilisateurs de La Défense se sont implantés au-delà du quartier, participant à l'irrigation d'un territoire offrant près de 10 millions de mètres carrés de bureaux, constitué par exemple par les communes de Bezons, Gennevilliers, Bois-Colombes, Rueil-Malmaison et Suresnes…

Dans la concurrence à laquelle se livrent les importantes cités d'affaires pour attirer les grandes entreprises internationales, La Défense Seine Arche dispose de perspectives de croissance, fondées, d'une part, sur la création de surfaces réhabilitées et sur des capacités de constructions neuves et, d'autre part, sur une démarche orientée vers une meilleure offre de services à destination des entreprises, notamment internationales, et de leurs salariés.

C'est pourquoi La Défense Seine Arche multiplie les projets innovants par leur qualité architecturale, leur conception et leurs services, notamment avec des tours mixtes conjuguant parfois plusieurs usages : bureaux, hôtels, commerces, services, logements…

Des réalisations

N'OUBLIEZ PAS !

D'ici à 2020, l'objectif consiste à poursuivre :

- La démolition-reconstruction des tours les plus anciennes avec une augmentation des surfaces d'au moins 100000 m^2 ;
- La mise en chantier de nouvelles tours sur 350000 m^2 ;

- L'optimisation du potentiel foncier dégagé par la requalification du boulevard circulaire à La Défense, du Faisceau à Nanterre, la valorisation du quartier des Groues et des bords de Seine à Nanterre ;
- L'achèvement de l'aménagement de Seine Arche ;
- Le développement d'une programmation équilibrée entre le logement, le bureau, les infrastructures de transports, le commerce, les activités récréatives, dans un territoire rendu complexe par les infrastructures ferroviaires et autoroutières qui le découpent, afin de concilier intensité urbaine et qualité de vie et d'usage, de conjuguer ville et nature, de favoriser proximité et accès faciles par les mobilités douces ;
- L'intégration du quartier d'affaires dans la ville par la requalification de son réseau routier et notamment le réaménagement du boulevard circulaire en boulevard urbain.

Parallèlement, La Défense Seine Arche œuvre à enrichir les secteurs de la finance, mais aussi des services aux entreprises, en activant trois leviers :

- L'intégration des institutions économiques et financières de la Région capitale ;
- Le développement de l'enseignement supérieur et de la recherche avec de grandes institutions comme les universités Paris-Dauphine et Paris-Ouest-Nanterre-La Défense, l'ESSEC…
- Le développement d'une offre de logements répondant aux besoins de la population.

Seine Arche, projet phare d'une ville au rayonnement administratif, universitaire et culturel intègre un territoire à proximité immédiate de La Défense, en construisant sur 3,2 km, le long de l'espace public des Terrasses, des bureaux, des logements, des équipements, le centre urbain Cœur de quartier et le pôle de la future gare multimodale à Nanterre-Université.

Laissons le mot de la fin, provisoire bien sûr, aux auteurs de la plaquette « Enjoy La Défense Seine Arche » de décembre 2010, conçue par la direction de la communication et de la documentation de l'EPADESA :

« La Défense est un site spectaculaire de par son urbanisme de dalle, sa situation à deux pas des Champs-Élysées et son *skyline* qui tutoie le ciel. Elle est fréquentée par la terre entière, on y parle toutes les langues. Dans la décennie à venir, la qualité architecturale, urbaine et environnementale de La Défense Seine Arche reflétera le foisonnement intellectuel, l'énergie du monde des affaires et l'art de vivre à la française, tout en s'inspirant de la dynamique des grands quartiers d'affaires. »

Les présidents du conseil d'administration et les directeurs généraux de l'EPAD et de l'EPADESA de 1958 à 2011

Présidents du conseil d'administration :

Pierre Josse : mars 1959 - octobre 1959; Georges Hutin : septembre 1959 - mai 1968; Jean Millier : avril 1969 - avril 1978; Pierre Consigny : juillet 1978 - juin 1981; Joseph Belmont : janvier 1982 - décembre 1984; Jacques Deschamps : mai 1985 - décembre 1987; Charles Ceccaldi-Raynaud : décembre 1987 - avril 1989; Pierre Mayet : avril 1989 - avril 1993; Charles Ceccaldi-Raynaud : juin 1993 - décembre 1998; André Barilari : décembre 1998 - avril 2005; Nicolas Sarkozy : avril 2005 - juillet 2006; Jacques Gautier : décembre 2006 - septembre 2007; Patrick Devedjian : septembre 2007 - décembre 2009; Joëlle Ceccaldi-Raynaud : depuis décembre 2009

Directeurs généraux :

André Prothin : septembre 1958 - mai 1969; Jean Millier : mai 1969 - février 1977; Pierre-Louis Filippi : février 1977 - mai 1979; Jean-Paul Lacaze : mai 1979 - février 1984; Jacques Deschamps : février 1984 - décembre 1997; Gérard de Senneville : décembre 1987 - avril 1990; Alain Maugard : avril 1990 - juin 1993; Christian Bouvier : Juin 1993 - janvier 2004; Michel Gérin : intérim de janvier 2004 à septembre 2004; Bernard Bled : septembre 2004 - octobre 2008; Philippe Chaix : depuis octobre 2008

Chapitre 13

De l'EPGD à Defacto

Dans ce chapitre :

- Les conditions de la naissance de l'EPGD
- Defacto, c'est plus beau
- Des missions de gestion et d'exploitation

Ainsi, l'EPAD, puis l'EPASA, et aujourd'hui l'EPADESA, a eu comme vocation de construire et d'aménager le site de La Défense pour le compte de l'État et des collectivités locales concernées.

Plus le quartier a pris de l'ampleur, plus le problème de la gestion de cet ensemble a été rendu extrêmement complexe à cause du principe de séparation des fonctions et des espaces par le moyen de la dalle qui coupe du sol naturel. Ainsi, les seuls espaces privés concernent les emprises au sol des tours. Le reste, soit la plus grande partie des surfaces au sol du périmètre de La Défense et l'empilement des réseaux de toute nature et de toute fonction en sous-sol, imposait une gestion collective et publique.

Même si l'on comprend que, dans l'ambiance des premiers chantiers, il apparaissait plus aisé, voire évident, de confier le fonctionnement des réseaux, des infrastructures, la gestion des espaces publics, la signalétique et bien d'autres fonctions à l'EPAD, on voit que la charge accrue de la gestion du site risquait d'avoir des effets négatifs sur les opérations d'aménagement, étant donné le déséquilibre possible entre l'accroissement de la fréquentation et la qualité des services.

Les comptes sous la loupe de la Cour

L'EPAD, en tant qu'aménageur, a aussi la charge de l'entretien et de l'animation du site. Cette situation particulière fait l'objet d'un premier contrôle de l'EPAD pour les exercices de 1991 à 1996, puis par la Cour des comptes pour les exercices de 1997 à 2005.

La Cour des comptes a constaté que l'EPAD avait outrepassé sa mission d'aménageur pour endosser celle de gestionnaire et d'animateur et qu'il s'était, de fait, substitué aux collectivités territoriales défaillantes, alors que ce sont celles-ci qui perçoivent les impôts sans financer les infrastructures et leur entretien. De plus, les documents comptables n'étaient pas conformes aux règles en vigueur pour les établissements publics. En effet, l'EPAD intègre la gestion et l'exploitation dans ses comptes, pratique incompatible avec le statut des EPA.

Lors du conseil d'administration de l'EPAD du 18 juillet 2005, Nicolas Sarkozy, alors président de ce conseil, souhaite étudier les modalités de la gouvernance de La Défense. Il affirme la nécessité de créer une structure de gestion réunissant, outre le conseil général des Hauts-de-Seine, les communes de Puteaux et de Courbevoie, qui, bénéficiaires de la taxe professionnelle venant des entreprises de La Défense, doivent participer à son entretien et à son animation. Il insiste sur l'importance de mettre en œuvre un plan de renouveau et un schéma directeur garant de la cohérence du développement du site.

Le conseil d'administration entérine l'ensemble de ces propositions le 2 décembre 2005 en prenant acte de la volonté de clarification de l'EPAD.

S'appuyant par conséquent sur les recommandations, d'une part de la mission conjointe de l'inspection des finances, du conseil général des Ponts et Chaussées et, d'autre part, de la Cour des comptes, l'EPAD a conduit un travail de clarification comptable et budgétaire en créant l'EPGD.

Le ministre du Budget, des Comptes publics et de la Fonction publique, quant à lui, dans une lettre adressée à la Cour des comptes le 24 août 2007, répond aux recommandations formulées par la juridiction : « La Cour des comptes note l'évolution significative, conforme à ses recommandations, que constitue la mise en place prochaine de l'établissement public de gestion du quartier de La Défense.

« La normalisation que la Cour a appelée de ses vœux est engagée en novembre 2007. Outre la nomination des dirigeants de l'établissement, la mise en place opérationnelle nécessite une collaboration étroite entre l'EPAD et les collectivités territoriales concernées représentées au travers de l'établissement de gestion. »

L'EPGD est créé

L'ambition affichée du quartier d'affaires entraîne ipso facto, dans un contexte de concurrence internationale importante, le développement d'une politique de gestion qualitative de haut niveau du site.

La loi de création

N'OUBLIEZ PAS !

La loi du 27 février 2007, relative aux règles d'urbanisme applicables dans le périmètre de l'opération d'intérêt national de La Défense et portant création d'un Établissement public de gestion du quartier d'affaires de La Défense (EPGD), affirme dans son article 1er que « la modernisation et le développement du quartier d'affaires de La Défense présentent un caractère d'intérêt national ».

Un décret en Conseil d'État arrête les orientations générales d'urbanisme applicables dans le périmètre de l'opération d'intérêt national de La Défense et relatives à la modernisation et au développement de ce quartier, et précise dans son article 2 : « Il est créé un établissement public local à caractère industriel et commercial, dénommé "Établissement public de gestion du quartier d'affaires de La Défense". Cet établissement public est habilité à gérer les ouvrages et espaces publics ainsi que les services d'intérêt général situés dans le périmètre de l'opération d'intérêt national lui appartenant, appartenant à l'établissement public pour l'aménagement de la région dite de "La Défense", appartenant aux communes de Courbevoie et de Puteaux ou à l'État, dès lors qu'ils en font la demande. Il assure également la mise en valeur et l'animation du site par toute initiative appropriée ; il entreprend toute réalisation en rapport avec ces missions afin d'améliorer la qualité de vie du quartier d'affaires ou de garantir le niveau des prestations bénéficiant à ses usagers ou à ses habitants ; il exerce ces compétences dans le respect du pouvoir de police des maires des communes concernées. »

La direction du budget insiste

Dans un courrier de 2008, la direction du budget au ministère du Budget, des Comptes publics et de la Fonction publique précise au directeur général de l'EPAD le partage des compétences entre l'EPAD et l'EPGD : « L'EPAD continuera à entretenir les équipements qu'il détient jusqu'à leur transfert en gestion ou en propriété à l'EPGD. Conformément à la décision du Conseil constitutionnel, l'EPAD doit prendre l'initiative des mises à disposition des biens et services à l'établissement public de gestion. À cet effet, vous établirez la liste des biens et des services que l'EPAD entend mettre à la disposition de l'établissement public de gestion ou transférer en pleine propriété. L'EPAD poursuivra en 2008 l'exécution des actions d'animation juridiquement engagées. Il convient, par ailleurs, comme l'EPAD le fait déjà, de faciliter le fonctionnement du nouvel établissement public. Les modalités et le coût de cette assistance devront faire l'objet d'un accord entre les deux établissements. La loi du 27 février 2007 a clairement confié l'essentiel de la responsabilité de ces missions à l'EPGD et l'EPAD n'a vocation à intervenir dans ces domaines qu'à titre accessoire et temporaire. Dans l'intérêt du service public et de l'efficience de la gestion publique, nous estimons préférable de transférer à l'EPGD l'ensemble des personnels et équipements nécessaires à l'exercice des missions d'exploitation et d'animation. »

Cette nouvelle gouvernance du premier quartier d'affaires européen était d'ailleurs prévue dans le cadre du plan de relance de La Défense, initié par Nicolas Sarkozy dès juillet 2006.

L'objectif du président du conseil général des Hauts-de-Seine est alors de « donner à La Défense l'âme d'un centre-ville » et de « mettre en œuvre une politique volontariste à la hauteur des exigences du premier quartier d'affaires européen ».

Un nouveau nom, Defacto

Le 25 janvier 2010, l'EPGD change de nom et devient Defacto. En effet, le sigle EPGD avait une connotation trop administrative. Cette évolution illustre le souhait de singulariser l'organisme, qui dispose désormais d'une marque. En outre, Defacto (expression qui vient du latin et signifie « dans les faits » ou « dans la pratique ») se réfère aux idées de pragmatisme et de mouvement.

Patrick Devedjian, son président, au-delà des symboles, a insisté sur « la rigueur d'une gestion performante, attentive aux exigences des acteurs du site » et « l'énergie pour développer de nouveaux services ». L'ambition affirmée est « de créer des ponts » entre les gens qui vivent à La Défense et ceux qui y travaillent. La dalle doit devenir un lieu d'échange et non plus de croisement.

Plus concrètement, Defacto a rédigé une feuille de route intitulée « Les douze travaux de Defacto » consistant à :

- S'assurer de la propreté des espaces publics ;
- Sécuriser les espaces publics ;
- Effectuer les travaux de voirie ;
- Entretenir 12 ha d'espaces verts ;
- Mettre en place un éclairage performant ;
- Accueillir des événements commerciaux, publicitaires ou festifs ;
- Développer une politique culturelle ;
- Accueillir les touristes ;
- Informer les « Défensiens » (site internet de La Défense, journal, espace d'information) ;
- Entretenir les infrastructures ;
- Entretenir les fontaines et les bassins…

L'établissement public a, en quelque sorte, comme une mairie, la responsabilité de la gestion, de l'entretien et de la promotion de son site.

Il est géré par un conseil d'administration, l'instance de décision. Composé de 13 membres désignés pour 6 ans, il rassemble des représentants de 3 collectivités locales : le conseil général des Hauts-de-Seine (7 membres), ainsi que les villes de Courbevoie et Puteaux (3 représentants chacune). Le conseil détermine notamment l'orientation de la politique à suivre, approuve les recettes et les dépenses de Defacto, autorise les emprunts et approuve les accords passés avec les partenaires (État, municipalités, etc.). Auprès du président siègent deux vice-présidents, Joëlle Ceccaldi-Raynaud, député-maire de Puteaux, et Jacques Kossowski, député-maire de Courbevoie.

Ce qui est original, c'est que le législateur a souhaité doter l'établissement public d'une instance chargée d'écouter la population concernée par le site. Ce comité consultatif est composé de 15 membres, dont la chambre de commerce et d'industrie de Paris, les syndics d'immeubles et les associations d'habitants, de commerçants et d'usagers. Actuellement présidé par l'Aude (Association des utilisateurs de La Défense), le comité formule des avis destinés au conseil d'administration sur toute question concernant le quartier d'affaires. La voix des Défensiens, sorte d'aiguillon démocratique, est entendue.

Créée en 2002, l'AUDE fédère près de 60 grandes entreprises et représente plus de 65 % des surfaces de bureaux et de commerces de La Défense. Animée par une volonté de valoriser le quartier, AUDE a accompagné et soutenu l'élaboration du plan de renouveau et veille à son application, prenant en compte un urbanisme réfléchi, dans lequel doivent s'inscrire les projets et les infrastructures de transport. En outre, les entreprises membres d'AUDE sont résolument engagées dans une démarche de développement à long terme, en faisant la promotion des meilleures pratiques en matière de développement durable. Jean-Yves Durance, président d'AUDE, a été élu président du comité consultatif en juillet 2008, pour six ans.

L'exploitation, sa première mission

Le pôle exploitation organise, planifie et assure l'entretien quotidien des espaces gérés par Defacto, en surface comme en sous-sol. Les agents du pôle interviennent pour entretenir les bassins et les œuvres d'art, les voiries, les espaces verts et les espaces publics, la vérification et le contrôle des ouvrages d'art, des dalles, du bon fonctionnement des ascenseurs, des Escalators, de l'éclairage, des galeries techniques en sous-sol.

Une question cruciale incombe au pôle exploitation : le bon entretien des escaliers mécaniques. Même si de nombreuses installations relèvent de la responsabilité de la RATP, Defacto consacre des moyens importants à l'entretien et au remplacement de ces machines.

Tournant 24 heures sur 24, soumis aux intempéries, à la chaleur comme à la neige, les Escalators ont une durée de vie de vingt ans au maximum. Beaucoup d'entre eux, ayant atteint la limite d'âge, tombent en panne simultanément, et le délai est long pour les remettre en fonctionnement : 20 à 25 semaines d'attente, qui ont le don d'excéder les usagers. Un marché a été passé pour assistance à maîtrise d'ouvrage, un cahier des charges précis a été rédigé pour l'entretien afin d'éviter les préjudices trop contraignants. Le remplacement et la gestion des escaliers mécaniques sont en marche!

Les casses-dalle

La circulation des véhicules, les animations, le sel de déneigement et l'antiverglas en hiver font subir aux quelque 6000 dalles du parvis et de l'esplanade des dégâts et des atteintes irréversibles. Elles sont donc remplacées progressivement, si bien que le dallage, occupant une surface de 151 000 m^2, est intégralement renouvelé tous les trente ans. La place de La Défense est pavée de 240000 briques pour une surface d'environ 6000 m^2.

La gestion, sa deuxième mission

Avant tout, la gestion quotidienne doit répondre aux attentes de chaque usager, salarié ou habitant, fréquentant un site complexe et conçu dans les années 1960, condamné à évoluer et à s'adapter aux exigences du monde actuel sous peine d'être disqualifié au profit d'autres centres d'affaires plus dynamiques.

Les entreprises, les sociétés qui ont choisi La Défense sont en attente de services pour leurs clients, leurs salariés, leur image. Face à leur niveau d'exigence élevé, la réponse doit être rapide et efficace, il en va de l'avenir du quartier d'affaires. « Même si le site est bien entretenu, il a vieilli », convient la direction de l'établissement public.

Ainsi, les ambitions affichées doivent allier qualité de service et innovation, dans le respect des objectifs du Grenelle de l'environnement.

Une exigence quotidienne : ne plus perdre le Nord

Une des priorités évidentes, c'est de faciliter les déplacements sur la dalle, été comme hiver. C'est en quelque sorte l'acte fondateur de la nouvelle ambition que s'est donnée Defacto.

La Défense, rappelons-le, ce sont des dizaines de tours, des souterrains, des jardins, des places, des bureaux, des logements. Au total, il s'agit de 160 ha, pour un site complexe avec une circulation automobile et une circulation piétonne séparée.

Hier, La Défense était divisée en quartiers numérotés de 1 à 12, mais selon un marquage peu rationnel puisque, par exemple, le quartier 12 est à l'exact opposé du 11. Les supports non adaptés ne permettaient pas de trouver rapidement l'information. Une situation paradoxale pour un site qui, en plus de ses 22 000 habitants, voit passer chaque jour 170 000 salariés et 400 000 voyageurs.

Couper la poire en quatre

Aujourd'hui, le récent système de repérage conçoit une nouvelle approche de l'espace. Le site de La Défense est divisé en quatre secteurs ; le quartier s'inscrit dans la frontière naturelle du boulevard circulaire, qui dessine une forme de poire. Le parti pris est de couper cette poire en quatre : un axe partant de la Grande Arche se prolongeant jusqu'au bout de l'esplanade et un axe perpendiculaire. Les 4 grands secteurs et les 14 quartiers seront repérés par une couleur et par rapport aux transports publics d'une part, et non plus à partir de numéros mais de noms déjà identifiés d'autre part (de places ou de parkings comme Reflets, Coupole, Boieldieu…). Les 320 mâts, les 110 plans généraux, les 1 700 flèches de signalisation routière seront plus visibles et afficheront la localisation et l'orientation de manière claire. La signalétique routière connaît un retour à la réglementation générale. L'installation générale a démarré début mars 2011.

La biennale de création de mobilier urbain

Pour devenir une référence en matière d'espace public, Defacto a lancé « Forme publique », une biennale de création de mobilier urbain, manifestation conçue par le scénographe urbain Jean-Christophe Choblet, créateur de Paris Plages. L'appel à projets, accessible aux étudiants comme aux professionnels, a pour objectif de concevoir le futur mobilier urbain. Les projets devront répondre à cinq usages : jeter/trier – poser/se reposer – attendre/s'abriter – déjeuner – travailler/se cultiver. La première édition de « Forme publique » ouvrira ses portes en septembre 2011, autour d'une exposition des dix projets sélectionnés.

Après la signalétique et le mobilier urbain, Defacto lancera un appel d'offres concernant l'affichage publicitaire et les supports de communication.

Complémentairement à ces nouvelles propositions, un plan-guide de l'ensemble de l'espace est en cours d'élaboration : il concerne notamment la mise en lumière, la mise en valeur du musée de sculptures en plein air, la circulation des vélos. La solution est complexe, la dalle étant un espace en priorité consacré aux piétons.

Le pôle sécurité et sûreté, sa troisième mission

Le développement de La Défense, dynamisé par le plan de renouveau 2005-2015, constitue un enjeu important en termes de sécurité. « C'est à Defacto que revient la responsabilité de coordonner et de faire vivre la stratégie territoriale de sécurité et de prévention de la délinquance (STSPD), d'assurer la cohérence et la réalisation, mais aussi le suivi et l'évaluation des actions de prévention et de sécurité », affirme Katayoune Panahi, directrice générale de Defacto. Le texte développant cette stratégie a été signé par 22 partenaires concernés par la sécurité dans le quartier d'affaires. En 2009, 3370 faits de délinquance ont été constatés dans le périmètre du quartier d'affaires, ce qui est un chiffre relativement bas compte tenu de la fréquentation.

La STSPD se développe en quatre grandes priorités d'action :

- Conforter le maillage territorial des forces de sécurité ;
- Lutter contre certaines formes de délinquance (phénomènes de bandes) et les vols sur les espaces publics ;
- Prévenir les délits en coordonnant par exemple les dispositifs de « vidéo-protection » et l'éclairage public dans des cheminements particulièrement complexes ;
- Informer la population et développer une vraie gestion urbaine de proximité.

Le poste de commandement de sécurité constitue depuis janvier 2010 un pôle à part entière pour assurer la surveillance du site, de ses voies d'accès, de ses sous-sols et de ses moyens de circulation verticale. Il y a aussi la sécurisation des voies couvertes, l'amélioration des contrôles d'accès aux galeries techniques ou encore l'élaboration d'une cartographie des faits délictueux. Deux équipes de Defacto (non détentrices des pouvoirs de la police) sillonnent le quartier d'affaires la journée, relayées par des prestataires extérieurs la nuit et le week-end. « La Défense ? Un concentré de toutes les problématiques de la sécurité, affirme le responsable du pôle. À la fois quartier d'affaires, zone commerciale, hub de transports, elle est aussi vaste en surface qu'en sous-sol. C'est une ville dans la ville qu'il faut aborder dans sa globalité. »

Tout ce travail est évidemment réalisé en coordination avec les agents de la force publique, police, sapeurs-pompiers, mais aussi les responsables de la sécurité des tours (Société des parkings de La Défense : SEPADEF), les communes concernées, les associations de riverains ou syndics d'immeubles.

Le commandant de la 28e compagnie d'incendie de la brigade de sapeurs-pompiers de Paris a comme secteur d'intervention quatre centres de secours (Puteaux, Courbevoie, Nanterre et Rueil-Malmaison), englobant ainsi le premier quartier d'affaires d'Europe. Soit 40 000 m^2 et 370 000 habitants pour 273 pompiers. « C'est un site atypique, compliqué à gérer pour nous, car il est en perpétuel mouvement, toujours en construction. Sans oublier la circulation routière et les voies ferrées. » Les pompiers appelés à intervenir dans les dédales de La Défense reçoivent une formation particulière.

Defacto en long, en large et en travers

Les opérations de gestion, d'entretien, de ramassage, de nettoyage sont vastes et diverses pour les équipes de Defacto quand on sait que le champ d'action se caractérise par les données suivantes :

12 ha d'espaces verts ; 1 200 arbres ; 31 ha d'espaces et de cheminements piétons ; 60 sculptures monumentales d'art contemporain dans le musée à ciel ouvert ; 10 km de galeries techniques en sous-sol. Le site compte également 265 usines de ventilation équipées de 610 moteurs ; 10 km de réseau d'eau automatique et programmable d'arrosage d'espaces verts ; les 500 kg par dalle sur le parvis ; 100 ascenseurs publics disséminés dans tout le quartier d'affaires ; 14 000 foyers lumineux d'éclairage public ; 35 tonnes de déchets chaque mois ; les 1 718 m^2 de superficie de la fontaine Agam, ornée d'émaux de Venise en pâte de verre artisanale ; les 1 700 m^3 d'eau du bassin Takis et les 900 m^3 de la fontaine Agam.

L'animation, sa quatrième mission

L'objectif est clair dans l'esprit de la directrice générale de Defacto : « Nous voulons faire en sorte que le quartier vive au rythme d'un centre-ville traditionnel, que les habitants croisent les salariés. Si l'on veut attirer les entreprises, il faut que le site soit attrayant pour les salariés. Il nous faut faire de La Défense un lieu encore plus vivant et plus animé. »

C'est déjà un peu le cas. Les grandes entreprises y lancent des produits en avant-première, y peaufinent leur image parce que La Défense est un site prestigieux au décor unique et entièrement piéton, où des milliers de mètres carrés sont disponibles pour organiser un événement publicitaire.

L'offre en manifestations culturelles existe, mais elle doit être encore plus diversifiée et originale, afin d'attirer les habitants de Puteaux, Courbevoie, Nanterre, mais aussi les Alto-Séquanais (habitants des Hauts-de-Seine) et les Parisiens. Les partenaires privés et publics feront des propositions, à l'instar de ce que développe déjà le conseil général des Hauts-de-Seine avec Chorus (festival de la chanson française) ou La Défense Jazz Festival.

La dalle doit être repensée, traitée comme un lieu de rencontres et d'échanges, une sorte d'agora. Le quartier doit attirer plus de monde pendant les fins de semaine et vivre en permanence. Or, il n'est actuellement guère possible de dîner le soir ou d'aller voir un spectacle.

Le pôle image a pour vocation d'animer La Défense. Le site encourage les grands rendez-vous culturels, l'organisation de manifestations festives, commerciales ou sportives afin de développer les qualités d'échange et de convivialité. Par ailleurs, ce pôle gère l'espace Moretti, le musée de La Défense et l'espace Info Défense.

La communication aussi est importante, avec la réalisation de supports d'information comme le magazine *Defacto.mag*. Un système d'information instantanée *via* SMS et courriels informe les Défensiens des événements majeurs ou des incidents qui peuvent affecter leur site. En outre, un nouveau service a été récemment lancé, « Là pour toi », permettant de découvrir La Défense sous un jour nouveau *via* un site internet et une application iPhone.

Le rôle nécessaire de Defacto

En conclusion provisoire, il apparaît évident que la dalle dans son ensemble doit être animée, vivante et sécurisée. La mixité urbaine doit être en permanence favorisée. Les quartiers de La Défense ne sont pas des lieux de passage anonyme mais sont potentiellement des lieux de rencontre, de confrontation d'idées… et peut-être surtout des lieux concourant à la valorisation des entreprises qui ont élu La Défense comme site d'accueil.

Defacto a bien conscience, par rapport à un passé récent, de ne pas se situer dans un esprit de continuité mais de changer radicalement d'échelle, de mentalité, de nature. Le gestionnaire « en bon père de famille » est obsolète ; Defacto a le rôle d'une mairie, mais il s'agit ici du premier quartier d'affaires européen !

C'est pourquoi le projet stratégique arrêté en janvier 2011 consiste à être gestionnaire de ce site avec plus d'inventivité, d'innovations, de force et de vitalité, de coordination et, enfin, d'implication dans les nouvelles technologies d'information et de communication et le développement durable.

À l'occasion des vœux de Defacto, le 19 janvier 2011, le président du conseil d'administration de Defacto, Patrick Devedjian, a actualisé la synthèse des différentes missions dévolues à Defacto :

- « Mettre en valeur et entretenir de manière exemplaire le patrimoine » ;
- « Assurer le renouvellement de l'espace public » ;
- « Offrir un niveau de sécurité et de sûreté conforme aux enjeux du site » ;
- « Atteindre un haut niveau de services aux salariés et aux habitants » ;
- « Mettre en place une offre d'animation et de promotion ».

Enfin, Defacto comprend désormais une direction des services aux entreprises et de l'animation du territoire, une direction des espaces publics et des infrastructures et une direction de la sécurité et de la sûreté.

Chapitre 14

Le plan de renouveau de La Défense

Dans ce chapitre :

- La genèse du renouveau
- Des tours révisées et nouvelles
- Des logements plus nombreux et des transports adaptés
- Pour une image durable de La Défense en Île-de-France
- Une gouvernance à la hauteur de ces ambitions

Au cours de son histoire, La Défense, une fois de plus, a su générer sa renaissance par elle-même en adoptant une série de mesures fortes. Ce plan, tant sa pertinence s'imposait, garde toute sa légitimité et son actualité, malgré quelques ajustements indispensables, et s'inscrit aujourd'hui dans la dynamique du quartier d'affaires.

Un projet d'aménagement pour le XXIe siècle

La Défense est née d'une volonté, celle de créer, dans la continuité de l'axe historique du Louvre à la Seine, un nouveau quartier constitué d'abord de bureaux pour accueillir les grandes entreprises et de logements. Cette volonté sans cesse renouvelée, malgré des périodes de conjoncture économique difficiles, des marques temporaires de vieillissement, les contraintes d'un site apparemment limité dans son enveloppe, a fabriqué le premier quartier d'affaires d'Europe.

C'est une réussite remarquable devenue fragile et marquée par un vieillissement certain. En effet, l'étude des 71 tours effectuée en 2006 par les équipes de la société d'audit Ernst & Young souligne les faiblesses du parc immobilier.

Par exemple, 31 immeubles offrent des plateaux de moins de 1 200 m^2, ce qui ne correspond plus aux standards de la demande actuelle, 20 immeubles ont une surface utile inférieure à 40 000 m^2, ce qui génère des surcoûts de charge, 1 immeuble sur 6 a été construit avant 1985 et n'a pas été réhabilité ; 17 tours, totalisant environ 650 000 m^2, soit 20 % du parc, sont aujourd'hui potentiellement « hors marché ». Ces tours nécessitent au minimum des restructurations lourdes et, bien plus vraisemblablement, des opérations de démolition-reconstruction. Ne pas procéder rapidement à ces opérations signifierait leur obsolescence accélérée, avec le risque de dégradation de l'image du quartier.

La place de La Défense en Europe et même dans le monde dépend de son dynamisme et de sa capacité à s'adapter pour conserver son attractivité. La Défense ne se positionne pas en rivale des nouveaux pôles tertiaires qui se développent aujourd'hui autour de Paris ; au contraire, elle participe avec eux à l'attractivité de l'Île-de-France dans la compétition européenne et mondiale.

LE SAVIEZ-VOUS ?

La concurrence à laquelle est exposée La Défense s'illustre par deux données chiffrées : sur les dix groupes mondiaux implantés à La Défense en 1995, sept ne le sont plus en 2005 ; et sur les cinq dernières années, Londres a attiré le quart des implantations de sièges sociaux et plates-formes tertiaires en Europe, contre 5 % seulement pour l'Île-de-France. C'est pourquoi le plan de renouveau marque un tournant indispensable dans l'évolution de cette édification progressive.

À la suite de la lettre de mission du 1er mars 2005 de Dominique Perben, ministre des Transports, de l'Équipement, du Tourisme et de la Mer, Bernard Bled, alors directeur général de l'EPAD, propose le 2 décembre 2005 à son conseil d'administration le projet Défense 2015, un important plan de modernisation du quartier d'affaires. Au moment où son développement cherche un second souffle, La Défense doit assurer et conforter son rôle de premier quartier d'affaires européen.

Un plan ambitieux est proposé par l'EPAD

Le 25 juillet 2006, Nicolas Sarkozy, président du conseil général des Hauts-de-Seine, président du conseil d'administration de l'EPAD et ministre de l'Intérieur et de l'Aménagement du territoire, et Dominique Perben valident le plan et adoptent les propositions de l'EPAD. Ce plan est justifié par plusieurs raisons, la principale étant donc la reconnaissance d'une obsolescence certaine du quartier.

Par ailleurs, la très forte demande de bureaux adaptés aux nouvelles normes de développement durable pousse à la création de nouvelles tours de bureaux à Paris ou à proximité, plus économiques que les multiples petites constructions ou la transformation de bâtiments résidentiels existants. Par son emplacement et des règles d'urbanisme plus souples que dans Paris même, La Défense offre de réelles possibilités.

On devra toutefois surmonter plusieurs facteurs de blocage : perspectives médiocres à court terme de l'économie française, volonté des pouvoirs publics de rééquilibrer les emplois du secteur tertiaire trop concentrés dans les Hauts-de-Seine, moyens de transport saturés ne permettant pas de faire face à l'afflux de nouveaux salariés.

Ainsi, face aux défis du troisième millénaire, La Défense et Seine Arche entament une mue profonde qui va permettre de redynamiser son développement.

Devenus par l'action affirmée de l'État et des collectivités territoriales l'un des moteurs de l'économie francilienne et nationale, La Défense Seine Arche devient un lieu d'attraction pour des investisseurs notamment en quête de grandes surfaces de bureaux, aux portes de la capitale et dans un environnement de grande qualité marqué à la fois par une qualité architecturale et urbanistique, et la promotion de valeurs de développement durable, dans la ligne des accords de Kyoto. L'objectif fondamental de ce plan de renouveau est de « réconcilier l'urbain et l'humain ».

En décembre 2009, dans *L'Ena hors les murs*, Philippe Chaix affirme : « L'EPAD est à un moment de son histoire où il doit affronter et franchir trois échelles : son propre renouveau, l'élargissement de son territoire et le Grand Paris. Une tour, comme une maison, devient obsolète en trente ans. Un plan de renouveau indispensable a donc été lancé. L'objectif de ces programmes est de rendre La Défense attractive pour répondre à la demande des investisseurs et des utilisateurs du monde entier. »

Six mois après l'énoncé de ce plan de renouveau, lui donnant encore davantage de légitimité, un décret paru le 26 décembre 2007 prolonge la mission de l'EPAD jusqu'au 31 décembre 2015.

En premier, on démolit, on reconstruit

La première priorité du plan est la régénération des tours anciennes qui ne sont plus aux standards internationaux et dont l'obsolescence pourrait affecter l'ensemble du marché immobilier de La Défense. La relance des projets de démolition-reconstruction optimise les espaces et évite les coûteux réaménagements ou la consolidation d'immeubles existants.

Les opérations de démolition-reconstruction ont été facilitées par l'exonération d'agrément dans la limite d'une extension de leur surface de 40 000 m^2 ou de 50 % de la surface de la tour initiale. Ces opérations sont également exemptées de la redevance sur les bureaux à concurrence de la surface initiale ; les immeubles concernés ayant déjà supporté cette taxe lors de la construction, seules les surfaces supplémentaires y sont soumises.

La métamorphose de la tour Axa, reconstruite en tour First, reconnue par l'AWARD MIPIM 2011, et la restructuration d'Opus 12 ont amorcé un mouvement qui pourrait concerner une quinzaine de tours parmi les plus anciennes de La Défense.

Citons quelques exemples marquant de leur nouvelle silhouette l'espace de La Défense :

- **La tour Air 2 :** localisée à Courbevoie, sur le site de la tour Aurore, conçue à l'origine par les architectes Damery, Vetter et Weil, financée par le groupe Carlyle avec l'assistance de Bouygues, la tour de 202 m de haut sera l'œuvre de l'architecte Bernardo Fort-Brescia, d'Arquitectonica. Ayant fait l'objet d'une promesse synallagmatique de vente avec l'EPAD, elle sera livrée fin 2015 et accueillera 5 000 personnes sur 82 000 m^2 ;

Figure 14-1 : La tour Air 2.

- **La tour D2 :** elle remplace l'immeuble Bureau Veritas, à Courbevoie, dont l'architecte fut François Julien, en bordure du circulaire. Construite par les opérateurs Sogecop, Sogeprom et Bouygues Immobilier, la tour de 180 m de haut sur 37 étages et comprenant 54000 m^2 sera l'œuvre des architectes Anthony Béchu et Tom Sheahan. Faisant l'objet d'une promesse synallagmatique de vente avec l'EPAD, sa livraison est prévue pour fin 2013 ;

Figure 14-2 : La tour D2.

- **La tour Generali :** implantée à Courbevoie sur l'ancienne emprise de l'immeuble Iris, de l'architecte Henri La Fonta, cette tour a fait l'objet d'une promesse unilatérale de vente avec l'EPAD en décembre 2010. Pointant sa flèche à 265 m de haut, sur un plan carré, la tour Generali, abritant 91 200 m^2 de bureaux, un auditorium et des restaurants, conçue par les architectes Valode et Pistre, sera réalisée avec le concours de Nexity, de Vinci Immobilier et de l'investisseur Generali, et sa livraison est prévue en 2015.

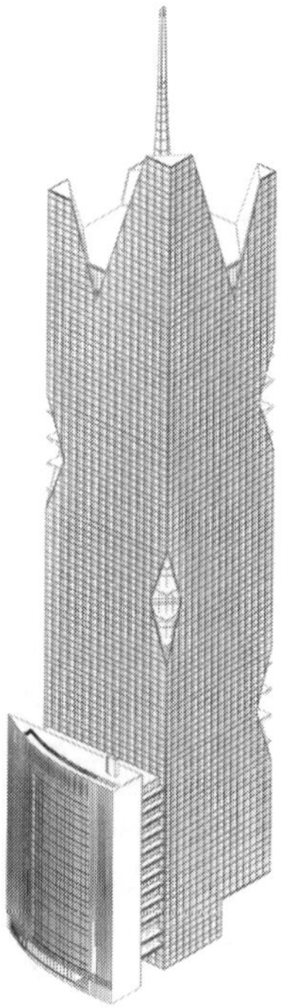

Figure 14-3 : La tour Generali.

Cette énumération met en évidence plusieurs observations : grâce à une forte volonté politique et au plan de renouveau, le quartier de La Défense se reconstruit sur lui-même avec plus de surfaces offertes, avec une architecture plus contemporaine, rejetant notamment le plan quadrangulaire des premières générations de tours (24 m par 42 m) et, bien sûr, faisant appel pour la plupart d'entre elles à des techniques et à des normes environnementales les rendant vertueuses à l'heure où le temps se gâte sur la planète. Nous reviendrons sur cet aspect dans l'un des derniers points du plan de renouveau.

En deuxième, du neuf !

Le développement de La Défense se poursuit. Les emprises gagnées notamment à la faveur du réaménagement du boulevard circulaire permettent de réaliser, sur la période 2007-2013, un programme de 300 000 m^2 de bureaux neufs sans amputer les espaces publics ni déborder sur l'axe historique. Ces tours venant abonder l'offre future donneront au quartier une nouvelle ambition architecturale.

Les prochaines années verront la réalisation de trois tours : la tour Phare (147 000 m^2), la tour Majunga (69 500 m^2) dont les travaux ont commencé au début de l'année 2011, et les tours Hermitage Plaza (280 000 m^2) (voir chapitre 9).

En troisième, plus de logements

Le point 3 du plan de relance stipulait : « La Défense s'est construite sur un postulat de mixité urbaine qui assoit, depuis cinquante ans, sa singularité et sa qualité de vie. L'accroissement de son parc tertiaire aura donc pour corollaire une augmentation des surfaces d'habitation dans le périmètre de l'EPAD à hauteur de 100 000 m^2 de logements neufs. »

La diversité de l'offre de logements étant une condition essentielle de la réussite urbaine de La Défense Seine Arche, les besoins des salariés, des habitants, des étudiants actuels, des chercheurs… et des cadres internationaux futurs, seront satisfaits avec respectivement la construction de 292 000 m^2 de logements à Seine Arche et 100 000 m^2 à La Défense, dont 70 000 m^2 sur la ZAC Charcot (rond point des Bérgères) à Puteaux.

Éco-quartiers Hoche, à Nanterre, et Charcot, à Puteaux; logements pour tous le long des Terrasses de Seine Arche, résidences étudiantes de Rouget-de-Lisle et de Cœur de quartier, à Nanterre; larges capacités futures d'hébergement aux Groues; appartements de standing dans les tours Hermitage Plaza : chaque programmation devra répondre aux exigences écologiques et architecturales du Grenelle de l'environnement.

L'enjeu est de développer une économie résidentielle dynamique pour générer une activité commerçante et récréative satisfaisante. « Cette politique de l'habitat trouve sa place dans une démarche concertée avec les Villes de Courbevoie, Nanterre, Puteaux, Rueil-Malmaison, Suresnes et La Garenne-Colombes pour l'accueil de logements nouveaux. À terme, la liaison avec Seine Aval et plus globalement les Yvelines ainsi que le Val-d'Oise sera pensée pour la réalisation de logements nouveaux et le développement des transports » (plaquette « Enjoy La Défense Seine Arche », décembre 2010).

En quatrième, le boulevard circulaire ralentit

Mis en service dans les années 1970, le boulevard circulaire a été conçu dans une double logique : jouer le rôle d'un axe de transit entre Paris et l'ouest de l'Île-de-France, et d'une boucle de desserte et de livraison pour le quartier des affaires. L'ouverture de l'A14 et de l'échangeur A14-A86 à la fin des années 1990 a soulagé le boulevard circulaire d'une grande partie du trafic de transit, concernant en particulier les poids lourds (une baisse de 35 % du trafic journalier a été observée entre 1996 et 2003). Il est donc devenu un axe de desserte du quartier d'affaires et des quartiers voisins de Puteaux et Courbevoie.

L'EPADESA a engagé un vaste projet de réaménagement du boulevard circulaire pour en faire un boulevard plus urbain et plus humain.

Sa partie nord, du pont de Neuilly à la Grande Arche, a fait l'objet d'une première phase de requalification entre 2004 et 2008 : création de carrefours à feux avec passages à niveau piétons, réduction de la largeur de la voirie, réalisation de trottoirs et d'une piste cyclable, aménagements paysagers.

L'EPADESA mène actuellement une réflexion pour poursuivre la transformation du circulaire nord, en relation avec les projets de nouvelles tours. Cela consiste à aménager les espaces publics aux abords du boulevard circulaire, dans la partie basse, au niveau du quartier Défense 2, en tenant compte de l'accroche au sol des tours (CB 21, Hermitage, Generali, Manhattan, Air 2, D2, Praetorium, Carpe Diem). Les propriétaires des futures tours conçoivent leur rez-de-chaussée dans la perspective d'une large ouverture sur les places et les trottoirs.

Les études sur la partie sud ont débuté en octobre 2009. Ce projet propose de requalifier les terrains situés aux abords du boulevard et à retravailler les franges de la dalle, en dégageant des emprises constructibles destinées à l'animation du futur boulevard urbain (bureaux, commerces, activités, etc.).

Ainsi, à l'artère infranchissable qui séparait la dalle du reste du monde s'est substituée une voie de circulation à visage humain, assurant une couture urbaine entre le quartier d'affaires et son environnement immédiat.

En cinquième, aller à La Défense et en revenir

Le point 5 du plan de renouveau concernant le renforcement de la desserte du quartier d'affaires était très clair : « Atout majeur de la réussite de La Défense, la desserte exceptionnelle en transports en commun arrivera bientôt à saturation. »

LE SAVIEZ-VOUS ?

Le tronçon central du RER A joue le rôle d'épine dorsale du système de transports collectifs francilien. C'est l'une des lignes ferroviaires les plus chargées d'Europe, avec 1,07 million de voyageurs quotidiens. Les causes de cette dégradation sont multiples : progression récurrente du trafic ; augmentation des échanges sur le tronçon central avec la ligne 14 en particulier, entraînant une augmentation des temps de stationnement ; exploitation de la ligne avec trois matériels roulants différents.

L'amélioration de la situation du RER A est déterminante pour envoyer des signaux clairs aux entreprises et aux investisseurs. La nouvelle phase de développement et l'importance des projets en cause tenteront de répondre à cette situation particulièrement difficile et préoccupante. Les décisions de l'État en matière de transports mettent l'Ouest métropolitain au cœur d'un réseau important dont La Défense Seine Arche sera le centre névralgique.

Aujourd'hui, 85 % des personnes qui viennent quotidiennement à La Défense Seine Arche utilisent les transports en commun. Afin d'améliorer leur pratique quotidienne, la ligne E du RER (Eole) sera prolongée, et le RER A se verra ainsi déchargé d'au moins 15 % de son trafic.

En outre, le réseau sera complété et le réseau Grand Paris Express, qui reliera l'Ouest métropolitain aux aéroports Roissy-Charles-de-Gaulle et Orly, ce qui favorisera le quartier d'affaires par rapport à ses concurrents européens.

La « révolution » que connaîtra le réseau des transports participera directement à cette stratégie dynamique.

En sixième, une gouvernance modernisée

Le point 6 du plan de renouveau traite de la « modernisation de la gouvernance » (voir chapitres 11, 12 et 13).

Si, à l'origine, l'EPAD a assuré à la fois les missions d'aménageur et de gestionnaire du site, dès que le quartier s'est développé, la charge accrue de la gestion risquait de générer des effets négatifs sur les opérations immobilières, étant donné le déséquilibre qui ne pouvait que s'accroître entre le nombre d'usagers de la dalle et la qualité des services rendus. En outre, plusieurs contrôles de l'EPAD par la Cour des comptes, en 2007, ont abouti à la constatation que l'EPAD, ayant à la fois endossé la mission d'aménageur et celle de gestionnaire, s'était de fait substitué aux collectivités territoriales qui perçoivent les recettes fiscales sans financer les infrastructures et leur entretien. C'est d'ailleurs la raison pour laquelle Nicolas Sarkozy, alors président du conseil général des Hauts-de-Seine, avait fait part, en juillet 2005, de la décision du conseil général de prendre en charge 50 % du déficit d'exploitation de l'EPAD. Par conséquent, la nécessité de créer une structure de gestion réunissant, outre l'État, le conseil général des Hauts-de-Seine et les communes de Puteaux et de Courbevoie, est devenue une exigence incontournable.

Une gouvernance de gestion

L'EPGD (Établissement public de la gestion de La Défense), créé le 27 janvier 2007, est « habilité à gérer les ouvrages et espaces publics ainsi que les services d'intérêt général... ». Il assurera donc les missions de gestion, d'exploitation, d'entretien, de maintenance, d'animation et de promotion de l'espace public de La Défense. L'EPGD deviendra Defacto en janvier 2010. L'EPAD pourra alors se recentrer sur sa vocation originelle d'aménageur et de constructeur du site.

De l'autre côté de la Grande Arche, et par décret du 19 décembre 2000, l'EPASA (EPA Seine Arche) a reçu comme mission pour ce territoire la conduite des études, la maîtrise foncière, le montage des opérations, l'aménagement, la commercialisation, la gestion financière des opérations. La Ville de Nanterre prend en charge la gestion et l'animation des espaces publics nouvellement créés, notamment les Terrasses, au fur et à mesure de leur aménagement. La Garenne-Colombes a la même responsabilité concernant le secteur des Champs-Philippe.

En septième, se développer durablement

Un hommage doit être, d'emblée, rendu aux pères concepteurs de La Défense, qui ont, avant la lettre, intégré à leur grand projet la dimension environnementale par, notamment, la séparation des circulations, la mise en souterrain des autoroutes et des parkings, la réalisation de nombreux espaces verts.

Dans la première mouture de l'énoncé du plan de renouveau, en 2006, il était déjà question de rendre prioritaire le développement durable, autant pour les constructions nouvelles et leurs chantiers que dans la qualité de vie quotidienne des salariés, des habitants et des visiteurs.

L'aménageur est déterminé non seulement à faire de La Défense le premier quartier d'affaires européen, mais aussi à inscrire le développement durable au rang de ses priorités pour devenir une référence mondiale en la matière.

Cette démarche a pour exigence que toutes les constructions innovantes et les nouveaux projets puissent accéder aux méthodes d'évaluation de la performance environnementale de bâtiments décernée par des organismes internationaux de certification comme le LEED (Leadership in Energy and Environmental Design) et le BREEAM. LEED et BREEAM ont acquis une légitimité mondiale leur permettant d'être lisibles aux yeux d'investisseurs internationaux, ce qui est crucial pour le quartier d'affaires.

Mais cette prise en compte ne s'applique évidemment pas qu'aux seules constructions ; même si leur empreinte environnementale est forte, elle doit être comprise au cœur du projet dans son ensemble, dans les formes urbaines, les densités, les déplacements et les transports, le traitement des espaces publics, la gestion des chantiers…

Des efforts importants sont à faire concernant notamment l'obsolescence de certaines tours, l'interface tours-espaces publics, une contribution plus forte des énergies renouvelables, mais de nombreuses voies sont aujourd'hui désormais ouvertes et encourageantes :

- Seine Arche s'est doté d'une charte du Développement durable en avril 2007. L'EPADESA a ratifié le 8 novembre 2007 la charte du Développement durable pour les quartiers d'affaires ;
- Seine Arche a remporté le 13e Grand Prix de l'environnement des villes d'Île-de-France pour son projet des Terrasses ;
- Seine Arche est signataire de la charte du Développement durable des établissements publics depuis le 8 avril 2008. La Défense est partenaire du réseau SB Alliance, pour la création d'une norme internationale de l'évaluation de la qualité environnementale, en 2008 ;

- Pour la mise en œuvre de ces engagements, La Défense Seine Arche applique un système de management environnemental de la politique d'aménagement, des études aux constructions, en conciliant les enjeux environnementaux, sociaux et économiques ;
- La Défense a été à l'initiative de la création du Réseau international des quartiers d'affaires durables (Sustainable Network) en novembre 2008, qu'elle a animé pendant deux ans. Cette structure a pour vocation d'être une plate-forme d'échange et de partage d'expériences pour les acteurs des quartiers d'affaires du monde qui ont la capacité de mettre en œuvre des plans d'action pour progresser vers un développement responsable.

Les 28 et 29 janvier 2010 s'est tenue à La Défense la première session de l'atelier international ISO. L'ISO (Organisation internationale de normalisation) est un réseau d'instituts nationaux de normalisation comprenant 162 pays. Avec un recensement de plus de 17 000 normes dont l'élaboration et la promotion sont assurées par plus de 150 organismes de normalisation, ISO est le premier producteur de normes internationales. Des normes internationales en faveur d'un développement plus équitable et durable et d'une responsabilité sociale de la part des acteurs économiques sont plus que jamais demandées. Pour la première fois, le bureau de gestion technique de l'ISO a mis en place cet atelier international, destiné à travailler sur le développement durable des quartiers d'affaires, en abordant les thèmes de la construction durable, de la maîtrise de l'énergie, des transports et de l'urbanisme, de la mixité, de la sécurité et de la qualité de la vie.

La Défense se trouve en Île-de-France

Le dernier point du plan de renouveau concerne la place de La Défense dans la région : « Atout économique majeur de l'Île-de-France, La Défense doit agir pour un développement équilibré de toute la région notamment pour les nouvelles opérations d'intérêt national. » Premier pôle d'envergure internationale du Grand Paris, le quartier d'affaires est un pôle structurant de la métropole francilienne, un territoire stratégique de l'économie du Grand Paris.

Effectivement, l'opération d'intérêt national de La Défense Seine Arche est située au croisement de l'activité tertiaire particulièrement puissante du centre et de l'ouest de Paris et du département des Hauts-de-Seine, qui fait preuve d'une vitalité économique exceptionnelle. Son PIB de 111 780 millions d'euros le place juste derrière Paris et représente à lui seul 1/5 du PIB francilien.

La place est privilégiée pour l'implantation des fonctions stratégiques et des centres de décision de grands groupes français et internationaux.

De nombreux utilisateurs de La Défense Seine Arche se sont implantés au-delà du quartier d'affaires stricto sensu, ce qui étend sa zone d'influence sur un territoire offrant près de 10 millions de mètres carrés de bureaux dans des communes comme Bezons, Gennevilliers, Bois-Colombes, Rueil-Malmaison, Suresnes…

En conclusion, on peut affirmer que ce plan de renouveau a été un véritable accélérateur pour les différentes composantes géographiques, économiques, immobilières, sociales, environnementales de ce territoire fondamental pour le développement de l'Île-de-France.

Le mot de la fin revient au directeur de l'EPADESA, Philippe Chaix, interrogé le 2 avril 2010 par Gilles Davoine, journaliste au *Moniteur* : « Où en est le plan de renouveau de La Défense lancé par le gouvernement en 2006 ? Après un ralentissement en 2009, on peut estimer qu'au premier trimestre 2010 la totalité du plan de renouveau est sur les rails, à l'exception de la tour Signal, l'investisseur s'étant retiré. Quelque 450 000 m^2 de bureaux supplémentaires vont être créés d'ici à 2015, soit par construction de nouvelles tours, soit par démolition-reconstruction de tours existantes. Nous allons également construire 100 000 m^2 de logements, notamment dans la ZAC Charcot, à Puteaux, et nous étudions la possibilité de transformer d'anciennes tours de bureaux en logements. »

Aujourd'hui, la direction générale de l'EPADESA et le conseil d'administration réfléchissent à un Plan de Renouveau 2 afin de poursuivre la modernisation de l'offre de bureaux et de logements et de renforcer l'attractivité du premier quartier d'affaires.

Cinquième partie

Un centre de vie et d'activités

Dans cette partie…

Sans logements, sans activités, sans commerces, sans vie culturelle, sans animation, le quartier de La Défense ne pourrait survivre. Au contraire, aujourd'hui, on le visite, on y vit, on y fait la fête.

Chapitre 15

Le centre d'affaires

Dans ce chapitre :

- Le quartier d'affaires de La Défense a vocation internationale
- Une cité financière de premier rang
- Qui possède La Défense ?
- Le plan de renouveau comme accélérateur d'investissement

Le quartier de La Défense est devenu le premier centre d'affaires européen. Son rôle est fondamental dans l'économie francilienne et nationale, et son dynamisme permanent est sans cesse renforcé.

Territoire stratégique dans le Grand Paris

Premier pôle d'envergure internationale du Grand Paris, La Défense Seine Arche constituent la tête de pont économique des quartiers d'affaires du centre et de l'ouest de Paris, ainsi que du département des Hauts-de-Seine.

Premier quartier d'affaires d'Europe dont l'image internationale est forte

Dans la forte concurrence à laquelle se livrent les grandes capitales du monde pour attirer les entreprises internationales d'importance, La Défense, par sa géographie particulière, sa concentration d'acteurs internationaux sur un espace relativement réduit, sa reconnaissance par la communauté d'affaires et l'intérêt porté par les investisseurs, impose son image de premier quartier d'affaires européen. En outre, depuis 2008, en accord avec le conseil d'administration, l'EPAD puis l'EPADESA mènent une politique ambitieuse de promotion en Asie et au Moyen Orient avec l'Agence française pour les investissements internationaux (AFII).

L'EPADESA étend aujourd'hui son territoire pour devenir un moteur essentiel de l'économie du Grand Paris. Il constitue le site le plus actif dont dispose l'Île-de-France, avec Roissy-Charles-de-Gaulle, le plateau de Saclay et Paris centre.

Et la différence de La Défense par rapport à d'autres centres d'affaires réside en son urbanisme vertical, la réalisation d'architectures spectaculaires, la dalle centrale et la densité étonnante d'investisseurs.

Avec ses 170 000 salariés, La Défense Seine Arche représente 4,3 % de l'emploi en Île-de-France et près de 22 % de l'emploi dans les Hauts-de-Seine, d'où son rôle primordial dans l'économie de la région.

Le département des Hauts-de-Seine, territoire à vocation internationale

Le département se caractérise par :

- Une concentration exceptionnelle de grandes entreprises : 65 sur 191 établissements de plus de 1 000 salariés que compte l'Île-de-France, 14 des 20 plus grandes entreprises françaises, 15 des 50 entreprises mondiales sont à La Défense;
- Un tissu économique dense reposant sur 9 000 entreprises dans les filières d'activités de pointe et un réseau de petites et moyennes entreprises spécialisées dans le service aux entreprises;
- Un pôle majeur d'innovation par la présence de nombreux centres de recherche privés et publics, par l'existence de sept pôles de compétitivité dont cinq à vocation mondiale et par la place privilégiée occupée par l'économie numérique (14 000 emplois représentant 15 % des emplois nationaux) et notamment dans les télécommunications à très haut débit.

Quatre territoires exceptionnels irriguent le département : ce sont la boucle des Hauts-de-Seine avec son pôle d'activités à forte valeur ajoutée, le val de Seine (Issy-les-Moulineaux et Boulogne-Billancourt, notamment), pôle d'excellence de la communication et du numérique, le sud des Hauts-de-Seine, secteur scientifique d'innovation (dans le domaine du biomédical) et bien sûr La Défense Seine Arche.

Le parc alto-séquanais de bureaux reste une valeur de référence (23,8 % du parc de l'immobilier de bureaux d'Île-de-France, soit 11 700 millions de mètres carrés utiles). Ce marché représente 45 % des commercialisations de bureaux en Île-de-France. De nombreuses transactions de plus de 20 000 m^2 ont été réalisées en 2009 et en 2010 (à Gennevilliers, Levallois, Bois-Colombes, Nanterre et La Défense) et d'autres sont prévues en 2011 (à Suresnes, Le Plessis-Robinson, Levallois, Meudon et La Défense). Également exemplaire dans la prise en compte des préoccupations environnementales, le département se caractérise aussi par la présence d'une vingtaine de grandes écoles et écoles supérieures, et de deux universités.

En bref, le conseil général, tirant profit de sa position stratégique, participe à la mise en œuvre de réseaux denses de transports en commun, déploie un réseau de télécommunications à haut débit. Il accompagne les entreprises dans leur implantation et leur développement et soutient évidemment les projets d'aménagement économique et immobilier.

Des atouts majeurs : une qualité de l'offre immobilière et une cité financière de premier plan

Classée parmi les dix premiers centres d'affaires mondiaux, La Défense Seine Arche est devenue moteur dans l'économie francilienne et nationale.

Des chiffres révélateurs

Les chiffres sont éloquents pour mettre en évidence la grande vitalité économique de La Défense Seine Arche.

Le produit intérieur brut de 111 780 millions d'euros place La Défense juste derrière Paris et représente 1/5 du PIB francilien.

Ce quartier répond aujourd'hui aux attentes des plus grandes entreprises internationales, avec une offre immobilière au sommet du marché des grandes surfaces d'Île-de-France : 70 % de l'offre du site proposent des surfaces supérieures à 5000 m^2.

Le marché des bureaux de La Défense Seine Arche se caractérisait, au premier trimestre 2011, par :

- Une demande placée de 14300 m^2 ;
- Une offre immédiate de 233000 m^2 ;
- Un loyer prime de 515 euros le mètre carré et en deuxième main de 437 euros ;
- Un taux de vacance des immeubles d'environ 7,1 %, alors qu'il est de 11 % à Londres et 18 % à Francfort.

Les secteurs de la finance, de l'assurance et du conseil comptabilisent 102 sociétés occupant 1,166 million de mètres carrés (fin 2009) et employant 64500 personnes.

Quels sont les principaux utilisateurs de La Défense ?

Cinq filières majoritaires occupent le site :

- La banque et l'assurance (Société générale, HSBC, Dexia, AGF, Gan, Axa, Allianz…) ;
- L'énergie (Total, Areva, EDF, GDF Suez…) ;
- Les technologies de l'information et de la communication ;
- Le conseil et le service aux entreprises (Ernst & Young, Mazars, KPMG, Fiducial…) ;
- L'environnement (Suez Environnement…).

Cinquante-trois établissements bancaires ou de crédit sont présents dans le périmètre de La Défense Seine Arche, avec plus de 36 000 emplois et 680 000 m^2, concentrant 58 % des effectifs et des mètres carrés occupés.

La Société générale, avec ses 321 400 m^2 de bureaux (dont 310 000 m^2 dans le site de La Défense), devance largement Calyon Crédit agricole CIB (98 000 m^2), le Crédit agricole (97 000 m^2) et HSBC (42 000 m^2). La banque occupe 12 sites à La Défense mais a le souhait de renforcer le pôle de Val-de-Fontenay (construction de 80 000 m^2 de bureaux) pour des loyers 50 % inférieurs à ceux de La Défense. La Société générale gardera à La Défense les immeubles dont elle est propriétaire (environ 240 000 m^2), comme les tours jumelles Chassagne et Alicante, Granite et la salle des marchés Basalte.

Le secteur de l'assurance détient 31 entreprises (La Défense Seine Arche), soit 27 % des effectifs et des mètres carrés utilisés. Axa occupe six sites à La Défense pour une superficie de 60 000 m^2. La société est propriétaire notamment de bureaux à Cœur Défense (26 000 m^2) et dans les Collines de l'Arche (14 000 m^2). Allianz (ex-AGF) a cinq sites à La Défense sur une surface de 114 000 m^2 dans la tour Neptune, Athéna et autres immeubles. Il faut ajouter à ces entreprises Groupama (57 000 m^2 sur trois sites : Élysées La Défense, le Michelet et Diamant), Dexia (39 500 m^2) et Scor, société de réassurance (29 000 m^2 dans l'immeuble de l'architecte Jean Balladur).

Le secteur de l'énergie, du pétrole et de la chimie occupe 23 % de la superficie de La Défense, avec les entreprises :

- Total (172 000 m^2 répartis partiellement dans les tours Total (Coupole) et principalement la tour Michelet) ;
- EDF (123 000 m^2 dont la tour EDF – PB6 (47 000 m^2) et la tour Cèdre (28 000 m^2)) ;
- Technip (le leader de l'ingénierie, des technologies et des services pétroliers) occupe 63 000 m^2 répartis entre la tour Adria et le Palatin 2 et 3 ;
- RTE (Réseau de transport d'électricité, résidant aujourd'hui sur 46 000 m^2 dans les tours Initiale (ex-Nexity), Ampère et Mission Marchand), qui a fait part de son intention de regrouper ses équipes sur un site unique en 2015 (Majunga, Generali, Air 2) ;

- GDF Suez (105 000 m^2) se trouve notamment dans la tour T1, sur 65 000 m^2 ;
- Areva (94 000 m^2).

Le conseil et le service aux entreprises sont implantés à La Défense avec les sociétés Mazars, Fiducial, KPMG et Ernst & Young.

Le domaine de l'environnement occupe 42 000 m^2 dans la tour CB 21 (ex-tour Gan).

Le secteur public, représenté par le ministère de l'Écologie et du Développement durable, est locataire de la tour Pascal et propriétaire occupant de la paroi sud de la Grande Arche, sur 98 000 m^2.

Une performance catalysée par le plan de renouveau

En avril 2006, le cabinet d'études Ernst & Young remettait à l'EPAD un rapport intitulé « Prospective sur l'évolution du quartier d'affaires de La Défense ». Il s'articulait autour de thèmes comme les « potentialités de développement » ou « l'analyse concurrentielle et comparative ». Ce rapport sera à l'origine du plan de renouveau proposé par l'EPAD et validé par Nicolas Sarkozy, alors président du conseil d'administration de l'EPAD, le 25 juillet 2006.

Les signes du dynamisme

Cette connaissance des grandes entreprises et sociétés implantées à La Défense appelle quelques constatations non exhaustives :

- Les 25 utilisateurs principaux de La Défense occupent 1 750 000 m^2, soit 60 % des surfaces ; un petit nombre d'entreprises concentre ses effectifs et occupe des surfaces importantes sur un petit espace ;
- Vingt-sept groupes sur les cinquante et un présents dans le secteur de La Défense Seine Arche sont des groupes à capitaux internationaux ;

- Environ 20 % des 51 groupes occupent plusieurs sites, montrant leur ancrage dans le secteur. Toutefois, on note une certaine volonté de regroupement prochainement dans une tour unique ;
- Près de 40 % des surfaces occupées sont la propriété des utilisateurs ;
- Les grands propriétaires de mètres carrés à La Défense (en incluant les commerces et en excluant les projets) sont pour 58 % d'origine française, 15 % allemande, 12 % américaine, 5 % canadienne.

Aujourd'hui, ce sont 5 milliards d'euros qui sont consacrés par les acteurs privés sur le territoire de La Défense Seine Arche à la construction, la rénovation des tours et le projet de recomposition urbaine. Ces investissements ont des répercussions sur l'emploi des bureaux d'études et des entreprises de construction pour de nombreuses années à venir.

L'impact du plan de renouveau

La conclusion de l'étude menée par Ernst & Young dégageait quelques enjeux stratégiques pour l'avenir, dont les suivants :

- Renforcer l'image, le positionnement et la valeur stratégique, en développant une stratégie de développement économique ;
- Régénérer, traiter le territoire existant en voie d'obsolescence rapide, *via* des solutions juridiques et fiscales ;
- Investir sur l'accessibilité et les transports collectifs en 2020.

Aujourd'hui, grâce à la mise en place du plan de renouveau (voir chapitre 14), La Défense Seine Arche connaît une forte dynamique. En outre, l'EPADESA œuvre aussi à intégrer des institutions économiques et financières de la Région capitale, à accueillir des services financiers à haute valeur ajoutée et à développer l'enseignement supérieur et la recherche avec de grandes institutions.

À cette fin, la chambre de commerce et d'industrie des Hauts-de-Seine, en partenariat avec l'EPADESA, Defacto et Paris Île-de-France capitale économique, lance le site Connecting Paris. Plate-forme de mise en relation des acteurs du pôle économique du Grand Paris, Connecting Paris a pour ambition d'intensifier la promotion internationale des quartiers d'affaires et de proposer aux entreprises et aux salariés qui envisagent de s'y implanter des services d'accompagnement en ligne.

Grands projets, développement économique, gouvernance, pratiques environnementales, cadre de vie et de travail sont autant de thèmes communs aux quartiers d'affaires du monde. Des questions communes et des réponses souvent originales, néanmoins transposables, qu'un Observatoire des quartiers d'affaires, piloté par l'Institut d'aménagement et d'urbanisme (IAU), permettra de partager entre les membres du réseau.

Les propriétaires souhaitent désormais rénover leurs tours, les investisseurs veulent se développer, et un deuxième plan de renouveau est nécessaire.

Chapitre 16

On habite et on vit à La Défense

Dans ce chapitre :

- Une authentique qualité d'existence
- Des espaces sans voitures
- Des logements de toute nature

Le quartier de La Défense n'est pas uniquement une destination d'hommes d'affaires ou un lieu de passage pour salariés travaillant dans des bureaux dans de grandes tours. La vie du quartier existe avec ses commerces, ses voisins, ses espaces publics…

Une qualité de vie agréable et revendiquée haut et fort

Les témoignages de citoyens heureux de vivre à La Défense sont nombreux.

Loin de l'« agitation urbaine »

« L'atmosphère particulière de La Défense, sa quiétude et sa beauté créent des conditions idéales pour écrire. » « Ici, on rencontre souvent des essences que l'on ne retrouve nulle part ailleurs. Comme les *Lagerstroemias* – ou lilas des Indes – du bassin Takis, qui supportent mal le froid sous nos latitudes, mais qui, curieusement, résistent très bien à La Défense. » « La Défense est un site très aéré, contrairement aux idées reçues. Ici on n'a pas de vis-à-vis à 12 m comme à Paris. Nous avons de l'espace. » « C'est un quartier fonctionnel très pratique. Les transports – métro, RER, tramway et bus – m'amènent au cœur de la capitale en quelques minutes. » Jean-Jacques, médecin et écrivain, Virginie, conductrice de travaux, Nelly, pilote de métro sur la ligne 1, Dominique, architecte, Françoise, résidente depuis quarante ans, sont-ils poètes, rêveurs, idéalistes ? Non ! Ils habitent sur la dalle et y ont pris goût !

« L'homme habite en poète », écrivait Heidegger. Le bonheur est-il sur le parvis ? « La vraie naïveté est dans la ville. Le rapport sensible aux réalités données », pouvait ajouter Robert Musil. Effectivement, la qualité de l'air, l'absence de voitures et de bruit, le panorama, les espaces verts et fleuris, la proximité de Paris contribuent à une certaine qualité d'existence.

La Défense, pour 170 000 à 200 000 personnes, c'est avant tout le lieu de travail, l'espace de bureau dans une tour, une grande surface, un petit commerce, une administration, un lieu de services ou de culture.

C'est « un véritable lieu de vie », comme le répètent à l'envi les plaquettes et guides de promotion du quartier : « pôle extraordinaire d'attraction », « ordonnancement unique où convergent tous les talents », « ville créative », « concentration de savoir-faire et d'innovation ». Bref, La Défense « est unique et plurielle » ! Les superlatifs ne manquent pas, comme si les promoteurs de la communication avaient la crainte d'une lecture en creux, négative, voire repoussante.

La mixité des fonctions et des usages existe ici

La Défense est une ville habitée depuis plus de quarante ans : les pionniers se souviennent d'être arrivés comme dans un univers de grands espaces ponctués de multiples chantiers, de palissades et de montagnes de déblais. Peu à peu, ils ont découvert le plaisir d'être à sept minutes de l'Étoile sans être dérangés par les bruits de circulation ou les odeurs de pollution. Ils possèdent aujourd'hui leurs itinéraires de promenade, de chalandise, de course à pied ; aller à la banque ou à la poste, prendre un billet d'avion ou de train, avoir besoin des services d'un pressing ou d'un cordonnier, il semble facile de se déplacer. Les jardins publics et les nombreux parcs, les dix terrains de pétanque accueillent les résidents et leurs enfants. Mais ici, l'espace, l'étirement des longueurs remplacent les bacs à sable, les petits toboggans, et les échelles, et les petites balançoires en plastique coloré, apanages un peu étriqués des squares parisiens. Le terrain d'aventure est partout, et même si l'usage des vélos, des planches et des patins à roulettes est réglementé, la liberté sans voitures est le terrain de jeu.

Lors de samedis de printemps, on les identifie, ces promeneurs. Ils se regroupent sous les arbres, regardent les groupes de touristes « d'ailleurs » qui passent levant la tête constamment et dans tous les sens vers les parois de verre et d'acier, impeccables. L'attraction redouble si, à partir de treuils et cordes fixés au sommet d'une tour, une nacelle descend lentement le long des grandes verrières d'où émergent deux hommes vêtus de blanc comme des laborantins ; armés d'éponges, de peaux de chamois et de détergents, défiant le vide, ils rendent toute sa netteté au verre pour que l'architecture d'en face ou d'à côté se reflète de manière impeccable. Les « Défensiens » sourient alors entre eux, habitués à ce type de spectacle vertigineux, eux qui ont compris que la vocation de ces immenses miroirs n'était pas de réfléchir les silhouettes des hommes mais plutôt les lueurs du ciel.

On loge, on fait ses courses et on dispose de tous les services

Même s'ils sont peu nombreux, les résidents de La Défense disposent de toutes les commodités et usages d'une « vraie ville ».

Les Défensiens habitent à toute altitude

LE SAVIEZ-VOUS ?

Le soir et la nuit, ils récupèrent leur domaine et peuvent rêver devant les milliers de lucioles brillant dans l'obscurité. Dans le silence de la nuit, comme dans une petite ville de province avec ses places, ses arbres, ses monuments, le quartier s'endort. Mais qui sont-ils ? Selon une étude de l'EPAD de

2006, leur âge moyen est de 50 ans : 34 % d'entre eux sont des cadres moyens ou supérieurs, 28 % des retraités, 22 % des employés et 5 % des agents de maîtrise, techniciens et ouvriers. La même étude nous apprend que la population venant travailler à La Défense est constituée pour 67 % de cadres, 17 % d'employés et 11 % d'agents de maîtrise. Pour certains résidents, c'est une nécessité d'habiter à proximité de leur lieu de travail, aussi pour des raisons économiques ; pour d'autres, c'est un vrai choix d'existence. Quelque 28 % des résidents de La Défense travaillent sur le site.

Le moment de la prise de décision est peut-être l'étape la plus difficile pour venir habiter à La Défense ! Certains redoutent l'insécurité, d'autres ont la crainte de s'y ennuyer. Après, les surprises sont plutôt agréables et, une fois les premières réticences surmontées, ils ne quitteraient pas leur quartier pour un autre. Il n'est pas rare de rencontrer des habitants présents depuis plus de trente ans et qui n'ont aucune envie de partir.

Mais où habitent-ils ? Défense 2000 : 46 étages, 370 logements ; Harmonie Cartel/Orion : 4 étages, 368 logements ; La Sirène : 17 étages, 130 logements ; Les Platanes : 215 logements ; Résidence Boieldieu : 4 bâtiments de 4 à 11 étages, 479 logements ; Résidence Lorraine : 4 étages, 112 logements ; Résidence Leclerc : 18 étages, 204 logements ; Résidence de La Défense : 9 étages, 264 logements. L'immeuble Défense 2000, peut-être la plus haute tour d'habitation d'Europe, compte 370 appartements répartis sur 43 000 m^2 et accueille 1 200 personnes de 34 nationalités différentes.

N'OUBLIEZ PAS !

Et, dans l'avenir, une nouvelle offre de logements est-elle prévue ? La diversité de l'offre de logements étant une condition essentielle de la réussite urbaine de La Défense et de Seine Arche, les besoins des salariés, des habitants, des étudiants actuels, des chercheurs et des cadres internationaux futurs seront satisfaits avec respectivement la construction de 292 000 m^2 de logements à Seine Arche et 100 000 m^2 à La Défense, correspondant à une arrivée de 4 000 personnes en 2014.

Éco-quartiers Hoche, à Nanterre, et Charcot, à Puteaux ; logements pour tous le long des Terrasses de Nanterre ; résidences étudiantes de Rouget-de-Lisle et de Cœur de quartier, à Nanterre; futurs programmes de logements dans les Groues; appartements de standing dans les tours Hermitage Plaza, à La Défense... chaque programmation répondra aux exigences écologiques et architecturales du Grenelle de l'environnement.

L'enjeu est de développer une économie résidentielle suffisamment dynamique pour générer une activité commerçante et récréative. Cette politique de l'habitat trouve sa place dans une démarche concertée avec les villes de Courbevoie, Nanterre, Puteaux, Rueil-Malmaison, Suresnes et La Garenne-Colombes pour l'accueil de logements nouveaux. Le développement futur des liaisons avec Seine Aval, les départements des Yvelines et le Val-d'Oise sera aussi conçu dans la perspective de la réalisation de logements nouveaux et des transports correspondants. Un objectif difficile réside dans la transformation des tours de bureaux les plus anciennes en tours de logement.

Tous les commerces et services d'une ville

Bien sûr, ces quelque 20000 « Défensiens » ayant élu domicile à plein-temps au sein du quartier d'affaires bénéficient de tous les avantages et services d'une ville moyenne.

En effet, une énumération à la Prévert permet d'y trouver une annexe de la mairie de Courbevoie, la Poste, un centre de tri postal ultramoderne à grande capacité, des agences RATP, SNCF, un commissariat de police, Pôle emploi, des bibliothèques (annexes des bibliothèques municipales de Courbevoie et de Puteaux). La Défense est dotée aussi de crèches, mais ce sont, en grande majorité, des lieux pour accueillir les enfants des salariés des entreprises : « Des parents sereins sont naturellement plus efficaces dans leurs missions », commente un responsable de Total. Le sport est bien sûr à l'honneur sur la dalle : au Fitness Park, place des Corolles, et bien sûr dans d'autres clubs, mais aussi à l'intérieur des tours offrant piscine, salle de training à leurs salariés. Les communes ont, bien évidemment, leurs propres équipements sportifs : piscines, terrains de football et de tennis, etc.

Les lieux de culte sont représentés par Notre-Dame-de-la-Pentecôte – près du CNIT –, par l'église protestante évangélique au pied de la tour First, et par le centre Beth Loubavitch, « à la fois pratique et convivial », témoigne un croyant ; les musulmans se rendent à mosquée de Nanterre ou à celle de Puteaux.

Dans les centres commerciaux du CNIT et des Quatre Temps, ainsi qu'à l'intérieur de la grande salle d'échanges, les commerces de toute nature occupent l'espace. On ne peut détailler bien sûr tous les services et commerces – ni tout ce qui fait vivre une ville – dont peuvent bénéficier les habitants de La Défense, d'autant plus qu'ils sont au cœur d'un territoire riche en potentialités. Philippe Chaix, directeur général de l'EPADESA, faisait remarquer dans un récent entretien que « les gens qui habitent le secteur font leurs courses à La Défense, vont au spectacle à Nanterre, aux tennis de Puteaux ou au stade de foot de Courbevoie… et ils sont très impliqués dans le développement de La Défense ».

Chapitre 17

Une animation permanente

Dans ce chapitre :

- Passer un week-end à La Défense? Vraisemblable!
- Des atouts touristiques
- Le grand équipement tant attendu
- Les étudiants, animateurs de l'avenir

La Défense n'est pas seulement le grand quartier d'affaires habité par ses hautes tours que l'on perçoit depuis tout Paris. On y vient pour visiter et s'y promener.

Une destination touristique de plus en plus prisée

À quelques encablures de Paris, La Défense, par son site, sa silhouette, son quartier d'affaires, bref sa situation exceptionnelle et singulière, est reconnue en France comme à l'étranger. Son entière immersion dans les politiques d'aménagement et de transports du Grand Paris renforce son rayonnement. Ses qualités architecturales, les aménités urbaines, la prise en compte durable de l'environnement sont autant de vertus à développer pour que le quartier puisse transmettre sans décalage ni hiatus le dynamisme du monde des affaires à l'extérieur.

Un site incontournable pour les touristes

L'animation d'un quartier repose sur un grand nombre de paramètres peu simples à décoder ou à analyser finement. On peut en relever ou en observer les traductions, les manifestations.

La Défense draine de plus en plus de touristes. On doit distinguer l'attirance pour des manifestations éphémères et les motivations profondes de l'attractivité inhérentes au site. L'existence de commerces et de services, de restaurants, de cafés, fréquentés par les salariés des grandes entreprises et les résidents du quartier, crée aussi le mouvement. Tous ces ingrédients se conjuguent pour contribuer à l'animation permanente de La Défense. Cette réflexion, évidemment non exhaustive, ne peut ignorer les effets de la présence importante d'étudiants d'aujourd'hui sur la vitalité de l'avenir de La Défense.

« La Défense est un site à explorer absolument : quartier résolument piéton, ponctué d'espaces verts et d'œuvres d'art contemporaines… » La phrase est tirée du *Guide du routard*, la référence des voyageurs.

Rien d'étonnant donc à ce que 8,4 millions de touristes (dont 2,4 millions de touristes d'affaires), soit 23 000 par jour, aient fréquenté les lieux l'an passé. « Deux tiers des touristes de loisir viennent d'Île-de-France, pour fréquenter les Quatre Temps, commente le directeur général du Comité départemental du tourisme, le tiers restant, soit 2 millions de personnes, arrive de province ou de l'étranger. Outre le centre commercial, ils sont intéressés par la Grande Arche et le parcours de sculptures monumentales. »

Effectivement, les touristes sont, à la fois, attirés par les grands centres commerciaux des Quatre Temps et du CNIT, par l'architecture insolite d'un aussi grand nombre de tours à Paris et par la puissance, incontournable et perceptible de loin, de la Grande Arche dans le prolongement de l'axe royal de Le Nôtre. La Défense fera sans doute bientôt partie des circuits de tour-opérateurs internationaux.

Le tourisme d'affaires apprécie à la fois les 9000 places des salles de congrès, à la Grande Arche, au CNIT et à Cœur Défense, l'offre hôtelière importante et les nombreux restaurants. On recense 2600 chambres d'hôtel dont le premier cinq-étoiles de la petite couronne parisienne, trois quatre-étoiles, deux trois-étoiles, deux deux-étoiles et trois résidences hôtelières.

LE SAVIEZ-VOUS ?

Le quartier a été classé en zone touristique en janvier 2009, ce qui permet l'ouverture dominicale des magasins liés aux loisirs, aux sports et à la culture. Les touristes apprécient le musée exceptionnel à ciel ouvert, où une soixantaine de sculptures de Calder, Miró, Takis, César, Agam (et sa célèbre fontaine et ses jets d'eaux) se déploient sur l'ensemble du site, le musée consacré à l'histoire de La Défense et à ses aménagements. L'espace Info, géré par Defacto, qui abrite ce musée, organise des visites guidées destinées aux employés du quartier, chaque jeudi à midi, et d'autres sont proposées à des groupes et aux scolaires.

Le site est globalement jugé de manière positive, affirme le responsable du Comité départemental du tourisme, les points faibles portant sur la signalétique, les moyens d'information et le mauvais état de certaines sculptures. Signe positif du caractère touristique du site : La Défense fait désormais partie des 80 destinations couvertes par la collection « Cartovilles », éditée par Gallimard.

Une animation sans cesse renouvelée

À la belle saison, on a le choix entre les restaurants et les cafés en plein air qui se déploient sur 2700 m^2 de terrasses qui, comme le dit une cliente, « sont de vrais espaces aménagés et non pas de simples bouts de trottoir ».

Toute l'année sont organisées des manifestations éphémères, de grande qualité, qui attirent des milliers de personnes. C'est le cas pour le marché de Noël, avec plus de 350 exposants sur 10000 m^2 ; c'est aussi le cas du festival Chorus des Hauts-de-Seine, qui accueille au printemps jeunes talents ou stars dans les 30 villes partenaires, ou, en juin, de La Défense Jazz Festival. Ce festival de jazz, organisé depuis 1977 par le conseil général des Hauts-de-Seine et occupant le parvis de

La Défense mais aussi les scènes des villes du département, attire près de 20 000 personnes chaque année. Les concerts, gratuits, proposent des musiques éclectiques. Grâce au concours qui le clôture, il permet aux meilleurs solistes et orchestres de jazz de se révéler.

Mais le quartier est animé par bien d'autres manifestations vouées à des causes humanitaires et sociales, comme le Téléthon, la course à but humanitaire organisée par Otis, le forum annuel de la sécurité routière et bien d'autres événements éphémères. Les loisirs culturels ne sont pas oubliés avec le multiplexe de cinéma UGC Ciné-Cité La Défense, installé aux Quatre Temps, qui offre les écrans géants de ses 16 salles, dont celle du Dôme, qui est la salle de forme sphérique la plus vaste des cinémas de cette catégorie en France.

Un grand équipement structurant ?

Que ce soit hier ou aujourd'hui, le quartier a été perçu comme une opportunité pour installer un équipement prestigieux.

Le grand équipement culturel de Malraux

N'y avait-il pas de place dans la conception d'origine du quartier pour un grand équipement culturel de rayonnement national ? Une telle question s'est effectivement posée dès le départ, lorsque André Malraux était ministre chargé des Affaires culturelles, avec le projet de musée du XXe siècle et de grands établissements de formation artistique et culturel : architecture, arts décoratifs, musique, cinéma et télévision. Cet ambitieux projet, qui devait être confié à Le Corbusier, se serait situé sur l'emplacement actuel du parc Malraux. Pour des raisons diverses, il ne verra pas le jour. Il sera repris pour ce qui concerne le musée du XXe siècle par Georges Pompidou sur le terrain de Beaubourg, libéré par la démolition des Halles de Paris, en plein centre de la capitale…

L'Arena 92

Cette idée d'un grand équipement « structurant » se retrouve dans le projet Arena 92. D'une superficie de 110 000 m^2, Arena 92, lancé par la société Ovalto investissement et dont l'agence de Christian de Portzamparc et le groupement GTM Bâtiment/Vinci sont lauréats, peut accueillir de 15 000 à 40 000 spectateurs selon la nature des manifestations : rugby, concerts, opéras, conventions d'entreprises... Les technologies les plus innovantes seront utilisées : structure entièrement flexible grâce à un toit rétractable, tribunes amovibles, isolation phonique exceptionnelle. Le programme sera complété par 33 000 m^2 de bureaux, un restaurant haut de gamme et des boutiques. La livraison de l'Arena 92 créera une véritable liaison entre La Défense et Nanterre, autour d'un pôle attractif de grande taille.

On le voit, le fait d'être le premier quartier d'affaires européen, le plus grand centre commercial d'Europe, le deuxième Palais des congrès de France, le quatrième complexe cinématographique et un patrimoine architectural de premier plan donne à La Défense toutes les qualités d'un lieu de vie, de travail et de loisirs.

Les étudiants jouent la carte du futur de La Défense

Le site tiendra bientôt une place de premier rang dans le paysage universitaire de l'Ouest parisien. Aux côtés de l'historique fac de Nanterre, rebaptisée « Université Paris-Ouest-Nanterre-La Défense », avec ses 32 000 étudiants, s'est installé en 1995 le pôle universitaire Léonard-de-Vinci, impulsé par le président du conseil général des Hauts-de-Seine d'alors, Charles Pasqua. Le 9 septembre 2009, 600 étudiants du pôle finance de l'université Paris-Dauphine ont rejoint le PULV (pôle universitaire Léonard-de-Vinci) ; ces effectifs pourraient rapidement croître. La Fédération universitaire et polytechnique de Lille et l'ESSEC de Cergy-Pontoise constitueraient ainsi avec le PULV les premières étapes d'un pôle d'excellence autour des sciences de la gestion, du management et de l'économie.

Il ne faut oublier ni l'école d'ingénieurs ISEO, ni l'école nationale d'assurance, ni l'école des dirigeants et créateur d'entreprises (EDC), qui a obtenu la première place du classement 2010 du journal *L'Étudiant* concernant les écoles de commerce post-bac, ni le campus de l'École supérieure de commerce et de gestion (IESG-School of Management), inauguré le 14 février 2010.

Bernadette Madeuf, présidente de l'université Paris-Ouest-Nanterre-La Défense est consciente de cette opportunité géographique et économique : « Notre établissement et le quartier d'affaires sont les pierres angulaires d'un futur grand pôle universitaire à l'ouest de Paris. » Il est évident que la localisation d'une université à proximité immédiate d'un quartier d'affaires aussi important est un symbole de prestige et qui offre l'impression d'avoir déjà un pied dans le monde de l'entreprise, sentiment bien sûr à renforcer.

Les étudiants d'aujourd'hui auront sans doute un rôle à jouer dans l'avenir de La Défense. La reconstruction de la future gare multimodale de Nanterre-Université contribue à cette dynamique.

Et il y a une vie après les études à La Défense. Comme le dit une étudiante : « Quand les cours s'achèvent, nous filons au centre commercial des Quatre Temps ou alors on va se faire une toile à l'UGC. » Mais si, comme le considère Joëlle Ceccaldi-Raynaud, député maire de Courbevoie et président du Conseil d'administration de l'EPADESA, l'arrivée de plusieurs centaines d'étudiants est « une opportunité inestimable pour La Défense », il serait souhaitable de concevoir un parc de logements étudiants à la hauteur de ces aspirations. Il ne serait pas absurde d'imaginer l'esplanade de La Défense animée, fréquentée, irriguée par de nombreuses activités après la fermeture des bureaux. Comme dans un Quartier latin moderne, nouveaux cafés, restaurants abordables, clubs de sport, de rencontre, de musique, d'activités artistiques et théâtrales constitueraient alors sur le seuil des tours de nouvelles allées de lumière et d'agitation de bon aloi. L'extraordinaire vitalité de La Défense de demain dépend en grande partie du dynamisme des étudiants d'aujourd'hui.

Sixième partie

La partie des Dix

Dans cette partie…

Même si le quartier de La Défense est récent, il invite déjà à se raconter, à dialoguer entre célébrités, événements marquants ou chefs-d'œuvre qui ponctuent son espace.

Chapitre 18

Dix grandes figures de La Défense

Dans ce chapitre :

- Les acteurs de la première heure
- Les artistes de l'esplanade
- Les ingénieurs créateurs

À La Défense, comme dans toute aventure pionnière, sont identifiés les explorateurs et les défricheurs, les constructeurs, architectes et ingénieurs et ceux qui rendent l'espace plus agréable, les artistes.

Miró

En 1933, le Catalan Joan Miró (1893-1963) disait : « Je m'efforce d'atteindre de plus en plus le maximum de clarté, de puissance et d'agressivité plastique, c'est-à-dire de provoquer une sensation physique pour arriver ensuite à l'âme. »

Ses deux personnages, mi-fantastiques, mi-familiers, de 11 et 12 mètres de haut, marquent l'entrée des Quatre Temps. Réalisés en résine de polyester peinte en bleu, rouge, jaune et noir, ils se jouent de la rigueur de l'architecture des tours. D'une fraîcheur certaine, amusant les plus jeunes visiteurs, les sculptures peuvent être interprétées comme un pied de nez au conformisme quotidien.

Fraîchement accueillies en 1976, lors de leur mise en place, les sculptures répondent avec justesse à l'objectif de l'artiste souhaitant atteindre « un maximum d'intimité avec un minimum de moyens ».

Nicolas Esquillan

Nicolas Esquillan (1902-1989), ingénieur des Arts et Métiers de Châlons-sur-Marne, avait été préféré à l'Italien Pier-Luigi Nervi et à Eugène Freyssinet pour le concours du CNIT. Il aura réussi la prouesse technique, mais aussi esthétique, de réaliser, avec 206 m de longueur de façade et 238 m sous les arêtes de noue, le record mondial de portée, de même que celui de la plus grande surface supportée par point d'appui : 7500 m^2.

Sans doute a-t-il été éclipsé par la notoriété des grands architectes du CNIT : Robert Camelot, Jean de Mailly et Bernard Zehrfuss, mais il n'est pas douteux que, sans son intervention décisive, le CNIT n'aurait jamais pu monter si haut, ni surtout offrir les lignes pures et indiscutables d'un des chefs-d'œuvre du xxe siècle.

Robert Auzelle

Robert Auzelle (1913-1983) n'a pas construit à La Défense, mais, architecte-conseil du projet, il en est largement l'auteur du concept. Dans sa génération, il fait preuve d'une rare capacité pour allier des prises de position parfois très tranchées « à la Le Corbusier » à un souci permanent de pédagogie et d'ouverture aux autres, ainsi que peuvent en témoigner les élèves qui avaient suivi son enseignement au sein de l'Atelier Garnier, dont il se revendiquait le disciple.

C'est Robert Auzelle qui apporta à La Défense en gestation le concept fondateur de la dalle. Lorsque André Prothin, constatant l'anachronisme du plan-masse de 1956, demande à Robert Auzelle de procéder à une nouvelle étude, conjointement avec Claude-Hugues Boistière, il aura quelques difficultés à se faire convaincre. En effet, Robert Auzelle le mettra au défi de tout miser sur un parti non seulement audacieux, mais aussi irréversible pour l'époque : la différenciation des circulations automobiles et de la dalle piétonnière. Tout le « parti », « pari » de La Défense était bien là. Il devait être sans doute dans la nature de Robert Auzelle d'inspirer plus que de séduire, de suggérer plus que de faire, d'enseigner et de transmettre par ses nombreux écrits, de guider ses pairs à l'Académie d'architecture plus que de les commander, en conservant au bout du chemin plus d'amis et de disciples que de concurrents ou de zélateurs.

Jean Millier

Ancien élève de l'École polytechnique, ingénieur des Ponts et Chaussées, Jean Millier (1917-2006) joua un rôle clé dans l'aménagement de la région parisienne auprès de Paul Delouvrier et dans différentes attributions (1962-1969) avant que ce dernier le nomme président-directeur général de l'Établissement public pour l'aménagement de la région de La Défense, fonction qu'il exercera jusqu'en 1977.

En 1969, Jean Millier se voit confier l'opération de La Défense, car Georges Pompidou considérait que les débuts de la construction avec André Prothin, le pionnier, avaient pris beaucoup de temps. Le ministre Albin Chalandon avait averti au moment de la nomination du nouveau P-DG : « Il a le droit de tout faire à condition de faire de La Défense un projet rentable. » « La notion de quartier d'affaires, comme le dit Jean Millier, n'avait pas été clairement formulée, elle s'est simplement imposée avec le temps. »

Son travail est autant du ressort de l'urbanisme que de l'architecture. Le plan-masse de 1964 prévoyait la construction de 850 000 m^2 de bureaux. La densification du quartier souhaitée par Jean Millier passe par le changement de la volumétrie et de la hauteur des tours ; la modification du plan-masse permet de doubler le programme, le faisant passer à 1 500 000 m^2. Les tours peuvent désormais s'élever jusqu'à 200 mètres et leur superficie passer de 30 000 m^2 à 100 000 m^2. La physionomie du quartier, véritablement nouvelle, a pour finalité évidente d'attirer plus d'entreprises ayant besoin de plus grandes surfaces. « Nous avons gagné une certaine diversité architecturale qui atténuera sensiblement le caractère d'austérité du premier projet », dira-t-il alors.

Ainsi, tout en conservant l'esprit initial – le grand axe central dégagé, la séparation des circulations –, il réussit à s'affranchir d'un plan trop rigide en faisant littéralement exploser les formes architecturales.

Jean Millier sera aussi sensible à la qualité des espaces non construits, sous la responsabilité de l'EPAD, comme les parcs de stationnement ou les cheminements piétons. Ayant une véritable volonté de faire une place importante à l'art contemporain, à l'échelle urbaine et monumentale, il met en œuvre une politique de commande auprès d'artistes majeurs et fait installer de grandes sculptures de Miró, de Calder et la fontaine d'Agam, non pas dans un seul but décoratif mais avec l'objectif de percevoir autrement le contexte architectural et urbain dans lequel elles s'inséraient.

Jean Millier avait la conviction intime que La Défense était « une création continue », expression qui garde toute sa force. Bien plus tard, en 1989, Jean Millier prouvera son attachement au projet de la « tour sans fins », de Jean Nouvel : « C'est un excellent projet, incomparable. »

Vassilakis, dit Takis

Sculpteur grec, Panayotis Vassilakis, dit Takis, né à Athènes en 1925, s'installe à Paris en 1954. Influencé par Giacometti, ses premières sculptures rappellent l'art des Cyclades et les statues filiformes de son inspirateur. Attiré par les aéroports, les champs magnétiques, le « paysage technologique » des gares de triage, il est fasciné par la lumière, le mouvement et les capacités sonores des matériaux dont il s'inspire.

À La Défense, il a imaginé de poser sur un miroir d'eau de 2 600 m^2 49 feux lumineux multicolores situés au sommet de tiges métalliques flexibles hautes de 3,50 m à 9 m et semblant être montés sur ressort. À l'aide de ces signaux lumineux, « le spectateur communie avec l'essence immatérielle et purement énergétique de l'univers » ; placés dans la perspective de l'axe historique, « ces sortes de jardins du jour et de la nuit » sont visibles à la fois de l'esplanade et de Neuilly. À l'opposé, juste derrière la Grande Arche, pour répondre à un souhait de Johann-Otto von Spreckelsen, Takis a conçu, en 1990, 17 signaux lumineux, les « arches lumineuses », dont la hauteur varie de 6,50 m à 11,50 m.

Le sculpteur de lumière avait reçu l'accord de Spreckelsen : « C'est cohérent, on commence La Défense avec tes signaux, ensuite il y a mon Arche, il faudrait que tu refasses quelque chose qui rappelle la fontaine, pour unifier l'ensemble. »

Johann-Otto von Spreckelsen

Le 25 mai 1983, un communiqué de la présidence de la République choisissait comme lauréat de la Grande Arche Johann-Otto von Spreckelsen (1929-1987). Mais qui est cet architecte danois totalement inconnu des membres du jury qui ont salué sa proposition de manière unanime ? Il tarde d'ailleurs à se faire connaître, puisqu'il était avec son épouse dans une maison de bord de mer dans le Jutland où personne n'écoutait la radio. Finalement, il arrive à Paris, le 30 mai, pour une conférence de presse, et rencontre François Mitterrand le 1er juin.

Né à Copenhague, diplômé de l'Académie royale des beaux-arts, il construisit sa propre maison au nord de Copenhague et quatre lieux de culte, deux églises catholiques et deux temples luthériens. « Il avait beaucoup étudié la Cour Carrée du Louvre et le désaxement de celle-ci, dit son épouse, Karen von Spreckelsen. Le même désaxement de six degrés trente de l'Arche est un message adressé à ceux qui savent. L'Arche, voyez-vous, se tourne pour dire : “Soyez les bienvenus.” Elle ouvre les bras. »

Perfectionniste et rigoureux à l'extrême, il tiendra à ses idées contre vents et marées et souffrira des changements successifs de programme, qui lui feront quitter la partie quand finalement le Carrefour international de la communication sera abandonné, en avril 1986. C'est Paul Andreu, architecte de Roissy, qui reprendra le chantier en juillet 1986.

Johann-Otto von Spreckelsen est mort le 16 mars 1987. Il ne verra jamais la réalisation accomplie de son œuvre.

Raymond Moretti

Peintre, sculpteur et affichiste français, Raymond Moretti (1931-2005) réalise sa première œuvre à 16 ans, *Moïse lisant les Tables de la Loi*, exposée au musée de l'université de Jérusalem, puis réalise une fresque de 200 m^2 consacrée à l'histoire de l'humanité au Forum des Halles de Paris.

En 1973, il réalise la sculpture monumentale *Le Monstre*, appelée ainsi par Joseph Kessel, sur cinq étages et occupant une surface impressionnante de 30 m de long, 13 m de large et 7 m de haut. Situé sous la fontaine Agam, son atelier s'inspire un peu de l'antre du Cyclope. À l'origine, dans son atelier de Nice, Moretti sculpte un petit groupe de musiciens puis ajoute des découpes, des peintures, des constructions en verre, bois, acier, plastique… *Le Monstre* est transporté en 1971-1972 dans un pavillon Baltard et par la suite trouve un site d'accueil à La Défense. Par ailleurs, à La Défense, Moretti a transformé une cheminée d'aération de 32 m en œuvre d'art. Il a revêtu toute la surface de la cheminée de 672 tubes en fibre de verre de 2 à 30 cm de diamètre et aux couleurs éclatantes.

Norman Foster

Architecte britannique, Norman Foster (né en 1935), formé dans les universités de Manchester et Yale, dirige l'agence Foster + Partners, à Londres, riche de 500 salariés et collaborateurs.

D'une envergure internationale, il a accumulé les récompenses, les prix, les distinctions de toute nature et de tous pays, en hommage aux quelque 300 bâtiments qu'il a réalisés. En 1999, il a reçu le prix Prittzker, le « prix Nobel de l'architecture » et, en 2002, le Praemium Imperiale japonais.

En 1999, Sa Majesté la reine l'a fait pair du royaume avec le titre de baron Foster of Thames Bank, of Reddish in the County of Greater Manchester.

Toutes ses réalisations sont marquantes, ce sont des prouesses, sinon des chefs-d'œuvre qui jalonnent l'histoire et l'actualité internationales de l'architecture, telles que la

Hong Kong and Shanghai Bank, réputée en son temps être le bâtiment le plus cher du monde, le Carré d'art, à Nîmes, dialogue de la « high-tech » et de la Rome antique, le nouveau Reichstag, symbole de la réunification de l'Allemagne et de l'Europe nouvelle, le viaduc de Millau, alliance du paysage, de l'audace technique et de la beauté plastique.

Norman Foster a construit de nombreuses tours, toutes plus hautes, plus belles, plus innovantes les unes que les autres. C'est à lui que les investisseurs de la société Hermitage ont pensé pour concevoir les tours éponymes qui parachèveront le plan de renouveau, en 2016.

Peter Rice

Peter Rice (1935-1992) était irlandais, né dans le comté de Louth, dans le nord. Sa carrière s'identifie dans un premier temps à Ove Arup and Partners, une agence que l'on pourrait qualifier d'« ingénierie complète » comme il n'en existe pas en France, où les savoirs architecturaux et constructifs se mélangent dans un esprit de recherche pour dégager l'optimum d'une réponse globale à un défi lancé par le programme. Tel a été le cas pour l'Opéra de Sydney, où Peter Rice a fait son apprentissage, ou pour le Centre Pompidou, dont Peter Rice a été l'ingénieur pour le compte des deux lauréats Piano et Rogers.

C'est tout naturellement vers lui que se tourneront les concepteurs de la Grande Arche, Johann-Otto von Spreckelsen puis, après sa disparition, Paul Andreu, pour inventer les nuages de la Grande Arche. Aujourd'hui, les nuages sont indissociables de la Grande Arche elle-même, dans leur double fonction, d'une part de contrevent et de lutte contre l'« effet Venturi », et d'autre part d'un point de vue esthétique et urbanistique.

Christian Pellerin

En 1973, la crise pétrolière atteint toute l'économie et, en particulier, le secteur de l'immobilier. Pendant quatre ans, aucune charge foncière n'est vendue à La Défense.

De nouvelles dispositions, annoncées par le Premier ministre, Raymond Barre, en octobre 1978, autorisent la construction de 350 000 m^2 supplémentaires de bureaux. La Citibank, première banque mondiale, a l'intention de construire un immeuble de 21 000 m^2 face au CNIT. Le marché immobilier repart de plus belle, notamment grâce à l'impulsion d'un jeune promoteur, Christian Pellerin (né en 1945), devenu rapidement président de la SARI et contribuant à l'apparition de tours de la troisième génération.

Il cherche à construire mieux afin de créer un environnement plus agréable. Les bureaux individuels retrouvent le premier jour, éclairés par la lumière naturelle. Christian Pellerin innove : les locaux techniques destinés à régler le chauffage ne se trouvent plus au sous-sol, une grande colonne alimente chaque étage, mais à chaque niveau, ce qui permet de réduire les coûts énergétiques.

Le promoteur, que l'on qualifie souvent de « concepteur du quartier d'affaires de La Défense », sera, en dix ans, avec la SARI, à l'origine de la réalisation d'un tiers des surfaces construites. Il fut aussi l'un des principaux artisans de la première rénovation du CNIT.

Chapitre 19

La Défense en dix événements

Dans ce chapitre :

- De la vigne et de la bûche de Noël
- De la musique avant toute chose
- Des inaugurations et des fêtes

Le quartier de La Défense est celui des affaires, bien sûr, mais également celui de moments exceptionnels, fraternels, musicaux ou gastronomiques.

L'arrivée du RER

Décidés en 1961, les travaux du RER furent achevés en 1970 et la station La Défense inaugurée en février 1970. Les ingénieurs durent relever le défi du tracé sous la Seine de cette liaison entre la capitale et le quartier d'affaires.

Plus de quarante ans après, la ligne A du RER transporte quelque 290 millions de passagers par an. C'est la ligne la plus fréquentée du monde, mais aussi celle où le taux de dysfonctionnement est le plus élevé de toutes les lignes du RER. Selon la RATP, en 2003, le trafic a dépassé le million de voyageurs, par jour, lors de sept journées. En 2008, ce chiffre de un million par jour a été constaté sur 175 journées, ce qui signifie que la ligne A transporte plus de un million de voyageurs deux jours sur trois. La solution, aujourd'hui, réside à la fois dans le prolongement d'Eole et la réalisation du réseau Grand Paris Express.

Les 50 ans de La Défense sous le signe du renouveau

« L'avenir est un présent que nous fait le passé », a écrit André Malraux. À l'occasion de ses 50 ans, l'EPAD a célébré le premier quartier d'affaires européen sous le signe du renouveau, le 9 septembre 2008 à 21 heures.

Pendant trente minutes, des feux d'artifice ont été tirés de la Grande Arche, qui a été habillée de visuels spectaculaires et d'une mise en couleurs par 50 faisceaux lumineux découpant son imposante silhouette dans la nuit. Les projecteurs laser en écriture multicolore, 24 projecteurs de flammes, les effets pyrotechniques, la bande-son diffusant aussi bien la musique des Daft Punk que l'*Hymne à la joie*, toutes les performances techniques ont permis à un public nombreux de participer à cette célébration historique placée sous le signe… du renouveau !

C'était effectivement l'occasion rêvée de revivre ces cinq décennies de construction de tout un quartier, depuis le 9 septembre 1958 (date de création de l'EPAD), mais tout en imaginant l'avenir.

En juillet 2006, l'État acte le plan de renouveau élaboré par l'EPAD, ouvrant la voie à une nouvelle phase de développement « sous le signe de l'ambition retrouvée » (voir le chapitre 14).

Le concert anniversaire

Pour célébrer le 14 juillet 1990, le compositeur de musique électronique Jean-Michel Jarre organise un concert exceptionnel sur le parvis de La Défense. Edgar Faure, président de la Fondation des droits de l'homme et des sciences de l'humain, lui avait initialement demandé de préparer un concert pour l'inauguration de l'Arche de la Fraternité, le 14 juillet 1989, mais sa mort le 30 mars 1988 avait mis fin à ce projet.

Né en 1948, à Lyon, Jean-Michel Jarre étudie les musiques expérimentales. Le 14 juillet 1979, il organise son premier concert, place de la Concorde, à Paris, intitulé « Paris, bleu, blanc, rouge », fréquenté par un million de spectateurs. Depuis son album *Oxygène*, de 1976, Jean-Michel Jarre a orchestré des manifestations dans le monde entier, a été récompensé et a accumulé les prix à maintes reprises, a illuminé les plus grandes villes du monde.

À La Défense, son concert gigantesque, nommé « La Défense en concert », recevra 2,5 millions de spectateurs (un record affiché dans le *Guiness Book*). Cinq cents techniciens, musiciens et choristes seront « aux manettes » et 10 t de feux d'artifice seront utilisées. Il coûtera 45 millions de francs. « L'impact de ce concert dans le monde a été tel pour La Défense que le coût d'une campagne publicitaire équivalente aurait été inchiffrable », avait constaté l'équipe de l'EPAD.

Les spectateurs avaient investi l'axe historique depuis l'Arc de Triomphe, et 1 500 policiers, 14 compagnies de CRS et les pompiers avaient été mobilisés.

La Défense Jazz Festival

Le festival de jazz, organisé depuis 1977, s'anime pendant deux semaines, en juin, sur le parvis de La Défense mais aussi sur les scènes des villes partenaires du département. Organisé par le conseil général des Hauts-de-Seine, il attire près de 50 000 personnes.

Les concerts, d'accès libre, proposent des musiques éclectiques recouvrant tous les courants du jazz. Et il y a des centaines de badauds. Certains sont comme figés dans leur « costard » noir et rivés à leur cartable, d'autres, plus loin, couchés sur le gazon, écoutent avec attention. Le parvis vit !

Un concours national de haut niveau a pour objectif de révéler et de faire la promotion d'artistes émergents : une sélection de dix formations ou solistes se produit devant un jury de spécialistes et de journalistes. Plusieurs prix sont décernés chaque année. En 2010 ont été récompensés Adrien Daoud, Thibaut Dufoy (groupe Free du Hazard), Yoann Durant, Irène, Lunatic Boys et Papanosh.

L'éclipse solaire

Le 11 août 1999, la dernière éclipse solaire du millénaire couvrit une bande d'obscurité de la Normandie à l'Alsace, concernant le nord de Paris et, évidemment, le quartier de La Défense.

Des nuages ont gêné l'observation du phénomène, l'éclipse était partielle, mais l'information ayant été largement diffusée, les usagers de La Défense se sont empressés de se rendre sur la dalle.

En quelques minutes, autour de midi, imaginons environ 100 000 personnes, debout sur l'esplanade, les yeux chaussés de lunettes noires, le cou tordu, observant l'astre céleste ! Le phénomène a duré deux minutes, mais cela a suffi à embouteiller le vaste espace de la dalle de statues noires soudain immobiles et silencieuses. Quel spectacle insolite !

La comparaison, les bruits en moins, avec la banquise peuplée de manchots n'était alors pas si saugrenue !

Le festival Chorus

Créé et produit par le conseil général des Hauts-de-Seine, le festival Chorus offre à environ 50 000 spectateurs des concerts gratuits à midi, payants en soirée, à La Défense et dans de nombreuses villes du département (Colombes, Nanterre, Asnières, Puteaux, Rueil-Malmaison, Courbevoie…).

Chorus offre un panorama complet de musiques actuelles. Après l'ouverture confiée à un groupe, les têtes d'affiche se succèdent, à La Défense et dans 37 salles partenaires. Chorus cherche chaque année à rester fidèle à son esprit de découverte avec des concerts gratuits et le prix Chorus. Chorus des enfants offre aussi aux petits des manifestations musicales, comme celle de la compagnie « Comme sur des roulettes sous mes chaussettes ! »

L'inauguration de la Grande Arche

La Grande Arche de la Fraternité, ou Arche de La Défense, ou Grande Arche, a été inaugurée le 14 juillet 1989, à l'occasion du bicentenaire de la Révolution française et du sommet du G7. Les différents pays sont représentés par Julio Andreotti, Georges Bush père, Helmut Khol, François Mitterrand, Brian Mulroney, Margaret Tatcher et Sosuke Uno. De 108 m de long, 110 m de haut et 112 m de large et d'un poids de 300000 t, l'Arche a été dessinée par Johann-Otto von Spreckelsen.

L'achèvement de l'ouvrage fut remis en cause à plusieurs reprises. Les changements de programme furent incessants et Spreckelsen affirmait avoir étudié cinq ou six projets différents pour l'Arche! Les points d'opposition ont été réels en ce qui concerne les vitrages, le foyer, le socle, le toit, les matériaux, les « nuages ». Ce que l'architecte craignait le plus, c'était de voir son chef-d'œuvre transformé en banal immeuble de bureaux.

Heureusement, Paul Andreu, architecte ingénieur de l'aéroport de Paris, a pu partager avec Johann-Otto von Spreckelsen les vicissitudes de cette situation et l'aider à trouver des solutions, techniques et architecturales, mais également diplomatiques et politiques, jusqu'au retrait définitif, en juillet 1986, de l'architecte danois, excédé des atermoiements et valses hésitations des autorités françaises.

« Avant d'avoir servi, le bâtiment a déjà subi l'expérience imposée aux monuments par le cours de l'histoire : changer de fonction sans changer de forme », dira Paul Andreu, après qu'un protocole d'accord avait été signé avec la société d'économie mixte chargée de la maîtrise d'ouvrage en vue de mener à terme les missions de l'architecte d'origine « sans en trahir l'esprit ». Malgré tout, la volonté de la voir terminée avait été si forte que l'Arche a pu être inaugurée comme prévu… et la fête fut grandiose.

Les Journées du patrimoine

Les samedi 18 et dimanche 19 septembre 2010, plus de 16 millions de visiteurs ont participé aux Journées européennes du patrimoine. Et La Défense s'est associée à ces journées. En 2010, le thème retenu était « Ils ont fait La Défense ». Du général de Gaulle au sculpteur Calder, des premiers directeurs de l'EPAD aux artistes Moretti et Agam, les parcours-découvertes organisés par l'équipe de Defacto se sont inspirés de l'œuvre des personnalités à l'origine du rayonnement du quartier d'affaires.

À côté des « classiques », comme le musée de La Défense ou les œuvres d'art du musée à ciel ouvert, Defacto a proposé des activités plus insolites, comme la découverte du laboratoire d'expérimentation musicale de Patrice Moullet ou une plongée dans la tour Cœur Défense avec son architecte, Jean-Paul Viguier. Les femmes et les hommes, architectes, urbanistes, ingénieurs, etc., qui ont fait La Défense ont piloté les visites en racontant la grande histoire et les petites histoires qu'ils ont vécues.

La plus grande bûche de Noël

Chaque année, du 24 novembre au 27 décembre, le marché de Noël de La Défense est l'une des grandes manifestations de la région qui accueille plus de un million de visiteurs. L'organisateur, Codecam, a proposé, en 2010, de fabriquer la plus grande bûche de Noël jamais élaborée.

Le 1er décembre 2010, le président de Defacto et du conseil général des Hauts-de-Seine fait homologuer un nouveau record par le juge officiel des Guiness World Records.

La bûche devait impérativement mesurer au moins 25,97 m. Fabriquée par Philippe Gardette, président fondateur de l'Ordre culinaire international, elle a atteint une longueur de 207,80 m ! Réalisée dans un laboratoire pendant trente heures par sept personnes, elle fut nappée sous une tente sur l'esplanade ; elle a nécessité 20 kg de sucre glace, 100 kg de sucre, 50 kg de beurre, 120 kg de farine, 130 l de lait, 2 300 œufs, 4 l d'arôme vanille et 5 kg de fruits confits,

1000 décors comestibles, 60 kg de chocolat et 60 kg de confiture.

L'objectif était, bien sûr, de créer un événement original et utile, mais aussi d'aider l'association Enfants du Chœur, dont la philosophie consiste à améliorer le bien-être des enfants en difficulté et dont la marraine est Catherine Tresca. Les 5000 portions ont été vendues au prix de un euro.

La vigne du clos de Chantecoq

La Défense est le seul quartier d'affaires à posséder une vigne ! Située au bas de l'esplanade et nommée « clos de Chantecoq », elle comprend 350 pieds de pinot noir et 350 pieds de chardonnay. « Nous avons planté la vigne sur la dalle et non en pleine terre. Nous avons rapporté 80 cm de terre en provenance de Roissy... » s'exprime Bernard Bled, directeur de l'EPAD, le 3 octobre 2007, qui dira encore : « Le clos de Chantecoq se présente comme une illustration de notre engagement pour la qualité de vie et s'ancre dans notre politique du développement durable de La Défense. »

Lors de la première vendange de l'automne 2010, les quelque 100 bouteilles produites sont vendues au profit d'œuvres caritatives.

Chapitre 20

Dix chefs-d'œuvre du quartier de La Défense

Dans ce chapitre :

- Le plus grand pouce
- Le stabile le plus lourd
- La tour construite le plus rapidement
- La voûte la plus élégante

Tout est superlatif à La Défense. Les tours, les bâtiments, les sculptures, tout a été conçu pour être exceptionnel et pour que l'expérimentation devienne une réalité réussie.

Le CNIT

Le CNIT (Centre national des industries et des techniques), triangle équilatéral de 218 m de côté, premier bâtiment construit à La Défense, a été conçu par les architectes Robert Camelot (1903-1993), Jean de Mailly (1911-1975) et Bernard Zehrfuss (1911-1996), tous trois Grands Prix de Rome. Inventée par l'ingénieur Nicolas Esquillan (1902-1989), la voûte repose sur trois culées de béton ancrées dans le sol et reliées entre elles par 44 tirants constitués de câbles en acier spécial d'un poids de 84 tonnes chacun. Les façades en verre sont tenues par des profilés très minces en acier inoxydable conçu par Jean Prouvé (1901-1984).

Commencé en mai 1956, le CNIT a été inauguré le 12 septembre 1958 à la fois par le président René Coty et le général de Gaulle.

En 1988, Christian Pellerin, de la SARI, est acquéreur du bâtiment, peu utilisé, et en confie la rénovation aux architectes Michel Andrault et Pierre Parat, assistés de Bernard Zehrfuss. Une deuxième rénovation a été engagée en 2007 par le nouveau propriétaire et gestionnaire, Unibail-Rodamco, qui a permis de retrouver l'élégance d'origine de la construction. Une procédure d'inscription à l'inventaire supplémentaire des Monuments historiques a été engagée en 1989 mais n'a pas été suivie d'effet.

L'église Notre-Dame-de-la-Pentecôte

À la suite du concours organisé en 1994 par le diocèse de Nanterre et par les Chantiers du cardinal, le projet de Franck Hammoutène fut retenu. En encorbellement au-dessus de la RN192, l'église ouverte en 2001, d'environ 1 000 m^2, est répartie sur trois niveaux : l'accueil, l'équipement cultuel proprement dit et des espaces de rencontre marquant sa volonté d'être dans la cité sans s'y confondre. Une grande croix blanche marque sur toute sa hauteur et sa largeur un des plans verticaux en pierre translucide et sa cloche rythme les heures de La Défense.

La fontaine Agam

Né en 1928, en Israël, élève du Bauhaus, Yaacov Agam est un pionnier de l'art cinétique. Utilisant des matériaux, les couleurs, la lumière, l'eau et les sons, il sollicite les spectateurs, qui découvrent en se déplaçant de nouvelles facettes de l'œuvre.

Située au centre de l'esplanade, la fontaine monumentale d'Agam (1975) est constituée par un bassin de 26 m sur 86 m et possède un déversoir de 72 m en mosaïque d'émaux de 86 tons spécialement fabriqués à Venise. Les 66 jets d'eau, commandés électroniquement, peuvent atteindre une hauteur de 15 m et être accompagnés d'un programme musical réglé par ordinateur.

Le Grand Stabile rouge, de Calder

Les nombreux « stabiles » et « mobiles » construisent la notoriété d'Alexander Calder. Né à Philadelphie, en 1898, à la fois peintre et sculpteur, il s'est longtemps passionné pour le cirque. Le premier projet que Calder voulait réaliser à La Défense était une réplique de la tour Eiffel. En 1974, il décide d'installer *Le Grand Stabile rouge*, qui sera édifié en 1976, l'année de sa disparition. Évoquant *L'Araignée*, œuvre du même Calder installée à Chicago, la sculpture dont l'emplacement fut choisi par l'artiste lui-même est à la fois démesurée et gracieuse. Pesant 75 t, d'une hauteur de 15 m, en acier d'un rouge vif, la sculpture, peut-être encore plus belle la nuit, peut résister à des vents de 150 km.

L'Oiseau mécanique, de Philolaos

Né en 1923, à Larissa, en Grèce, Philolaos Tloupas fait ses études à l'école des beaux-arts d'Athènes, où il fréquente l'atelier d'Athenissios Apartes. En 1963, l'architecte André Gomis lui propose de créer une sculpture-architecture à Valence, où il prend la dimension de l'art dans la ville. Ses matériaux favoris sont la terre cuite, les bois tournés et le béton lavé, mais, à La Défense, il utilise l'acier inoxydable.

L'Oiseau mécanique, de 1972, présente un jeu de facettes métalliques faisant miroiter la lumière du ciel avec des reflets divers. Autre œuvre monumentale, *Les Nymphéas*, ornant les fontaines, en hommage à Monet, semblent affirmer la place de la nature dans l'univers du béton.

Le Pouce, de César

César Baldaccini, dit César, sculpteur français, né en 1921 à Marseille, a réalisé en 1965 l'empreinte de son pouce, l'original mesurait alors 40 cm. Parmi les multiples exemplaires du *Pouce*, celui de La Défense, érigé en 1994, près du CNIT, côté place Carpeaux, de 12 m de haut et de 18 t, est le plus imposant. *Le Pouce* permettra à César d'expérimenter de nouveaux matériaux, de la résine synthétique aux fontes métalliques. Le sculpteur est devenu célèbre notamment par ses compressions de voitures, ses six empreintes de sein et son poing de 7 t installé à Saint-Cyr. Il adhère au Nouveau Réalisme en 1960.

La statue de Louis-Ernest Barrias

Afin de célébrer la résistance des soldats lors de la guerre de 1870 contre la Prusse, Barthélémy Forest, membre du conseil général la Seine, organise un concours pour édifier une statue de la République. Cent quinze artistes y participent, dont Gustave Doré et Auguste Rodin. Ce fut le monument de Louis-Ernest Barrias (1841-1905) qui fut choisi. À 23 ans, prix de Rome, il est engagé à l'Opéra de Paris, où il produisit de nombreuses œuvres en marbre blanc. Inaugurée le 12 août 1883, la statue de La Défense est célébrée par une foule de 100 000 visiteurs et l'avenue de Neuilly est noire de monde. À 16 heures précises, 21 coups de canon sont tirés depuis le mont Valérien et le voile qui recouvrait la statue de Barrias tombe. La garde républicaine joue *La Marseillaise* et, à la fin de l'hymne, la foule lance un vibrant « Vive la République ».

« Est-il besoin de rappeler que ce monument allégorique de La Défense de Paris est élevé à l'endroit même d'où sont partis, dans la nuit du 18 au 19 janvier 1871, les vaillants bataillons qui allaient tenter à Buzenval un dernier et suprême effort contre la ligne des assiégeants ? J'ajoute, à propos de cet emplacement, que Paris devait bien cette marque d'estime et de reconnaissance aux communes qui, en combattant à ses côtés, ont puissamment contribué à sa défense », dira Barthélémy Forest.

La statue de Barrias est constituée de trois figures symbolisant la défense de la capitale. La ville de Paris, grande et belle femme à la tête couronnée du symbole antique de la cité, s'appuyant sur un canon, tient un drapeau français marqué des armes de la République et défie l'ennemi qui s'approche. À ses pieds, un jeune soldat, blessé, le regard farouche, cherche une dernière cartouche. De l'autre côté du monument, regardant vers Paris, assise sur des débris de pierre, une fillette évoque la population innocente qui souffre.

La statue de La Défense, qui donnera son nom au quartier, restera quatre-vingt-sept ans sur son socle mais, lorsque les travaux du quartier d'affaires commencèrent, on la déposa dans un terrain du chantier puis au cimetière de Neuilly. Un siècle après son inauguration, elle retrouvera sa place initiale, désormais enclavée dans la dalle et dominée par les tours.

La tour Areva

La tour Fiat a été construite en 1974 par l'une des agences spécialisées dans le domaine de l'architecture des gratte-ciel. Créée en 1936 par Louis Skidmore (1897-1962) et Nathanaël Owings, rejoints en 1939 par l'ingénieur John Merill, l'agence SOM compte parmi ses réalisations le John Hancock Center à Chicago, en 1969 (d'une hauteur de 344 m, les 47 étages de la tour abritent les logements les plus hauts jamais construits), l'Olympic Tower (première tour mixte de logements et bureaux), édifiée sur la 5e avenue de New York, et la Sears Tower, à Chicago, en 1974, la plus haute tour du monde – 443 m – jusqu'en 1996.

Associés à l'agence de Roger Saubot et François Julien, ils construisirent une des plus hautes tours de La Défense (178 m) sur 45 niveaux. Le 44e étage abritait le luxueux appartement de Giovanni Agnelli, le P-DG de Fiat, jusqu'en 1995, date à laquelle elle devient Framatome, puis Areva en 2003.

Surplombant le quartier d'affaires depuis l'îlot 6, la tour, abritant 102 500 m^2 de bureaux, impose la sobriété de sa forme monumentale lisse et noire et rappelle l'énigmatique monolithe minéral du chef-d'œuvre de Stanley Kubrick *2001 : l'odyssée de l'espace*. Les fenêtres deviennent de plus en plus larges avec la hauteur afin de diminuer l'impression d'écrasement ressentie par le piéton, déjouant ainsi les règles de la perspective. À l'origine, la tour Fiat devait être flanquée d'une tour jumelle, finalement remplacée par la tour Total.

La tour EDF

En plein cœur du quartier d'affaires, la tour PB6, à l'origine, devenue tour EDF, d'une hauteur de 165 m et de 40 étages, est l'œuvre du cabinet d'architecture Pei, Cobb, Freed and Partners. Véritable prouesse architecturale, la tour, livrée en 2001, est plus large en son sommet qu'à sa base. Une « exstruction » de forme conique, d'une grande élégance, est visible sur les 26 premiers étages. L'entrée côté parvis, surmontée par une importante marquise de 24 m de diamètre, protège les piétons et donne au bâtiment une allure magistrale.

L'architecte Henry N. Cobb commentait : « Nous avons dessiné une tour qui ne cherche pas à nier sa situation sur la dalle mais, au contraire, à s'engager directement avec un geste fort vers le parvis de La Défense. »

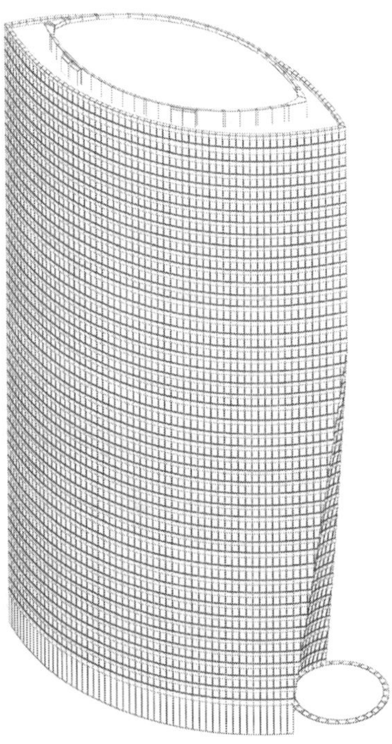

Figure 20-1 : La tour EDF.

La tour Initiale

Elle s'est appelée Nobel, puis Hoechst Marion Roussel, Aventis, RTE Nexity, du nom des locataires successifs. À l'origine, la tour Nobel est le troisième ouvrage construit à La Défense après le CNIT et la tour Esso, en juillet 1965.

Les architectes, Jean de Mailly, l'un des maîtres d'œuvre du CNIT, et Jacques Depussé, tout en ayant eu l'idée d'adapter le concept de gratte-ciel américain, se plient au format standard imposé par l'EPAD, afin de conserver une certaine homogénéité architecturale, une base de 42 m x 24 m et d'une hauteur de 100 m. Elle est construite en un temps record, moins de 13 mois pour édifier les 28 étages.

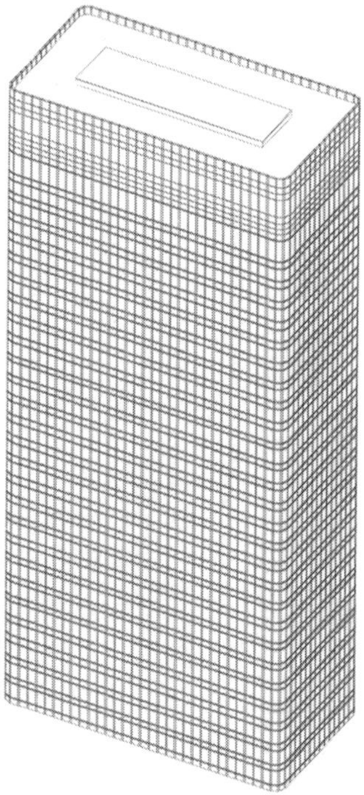

Figure 20-2 : La tour Initiale.

Les architectes utilisent un concept totalement innovant : le mur rideau. La façade composée de panneaux articulés, étudiés par Jean Prouvé, permet à la structure entièrement métallique de bouger librement sans endommager les vitres. Le noyau central, en béton, contenant ascenseurs et escaliers, stabilise l'ensemble. Les bureaux cloisonnés sont répartis sur des plateaux de 100 m^2, entièrement modulables.

Ces innovations technologiques n'empêchent pas des réaménagements en 1988, une rénovation en 2003 et de nouveaux travaux en 2007. La tour ayant eu l'honneur de recevoir l'empereur du Japon, Sa Majesté Hiro Hito, en 1969, reste toujours une référence pour l'intelligence de sa conception, et son nom officiel aujourd'hui sied bien à son statut de pionnière.

Septième partie

Annexes

Dans cette partie…

En annexe A, un plan du quartier de La Défense vient illustrer cet ouvrage. L'annexe B vous offre une bibliographie riche si vous voulez approfondir certains points : vous y trouverez des ouvrages généraux mais également des ouvrages traitant de sujets particuliers.

Annexe A

Plan

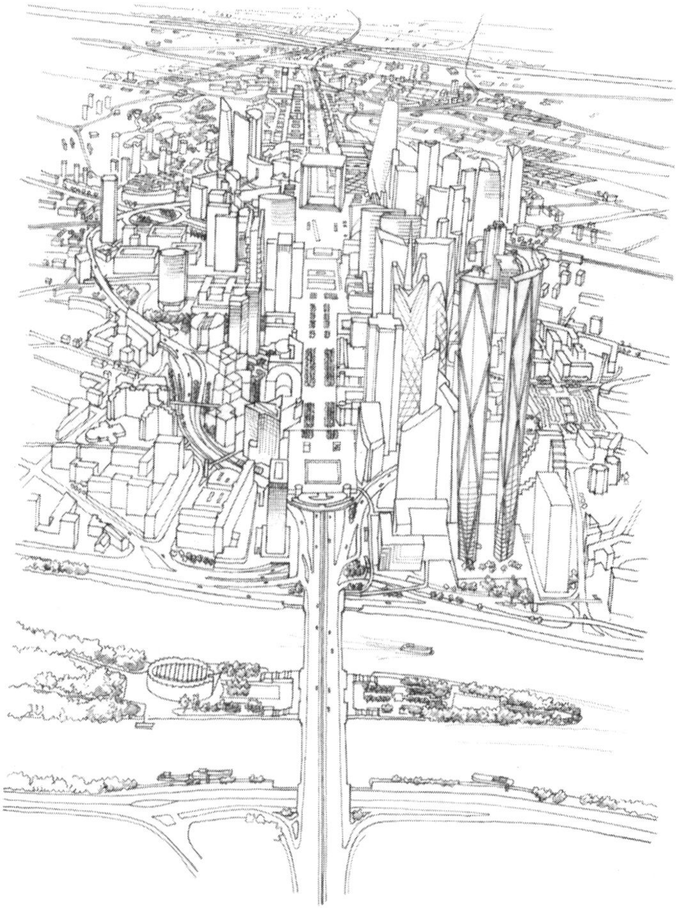

Figure A-1 : Le quartier de La Défense.

Annexe B

Sources et ressources

Ouvrages généraux

L'Architecte, Robert Auzelle, Éditions Vincent, Fréal et Cie, 1965.

Bernard Zehrfuss, Christine Desmoulins, Éditions du Patrimoine, CMN, 2008.

La Cité à travers l'histoire, Lewis Mumford, Éditions Seuil-Esprit, 1964.

Espace, temps, architectures, Siegfried Giedion, coll. « Médiations », Éditions Denoël Gauthier, 2004.

L'Homme et la ville, Michel Ragon, Éditions Albin Michel, 1995.

Jean Millier, un hussard de l'architecture, Luciana Ravanel, Ante Prima/AAM éditions, 2008.

Le Corbusier. 1910-1929, Les éditions d'architecture, Echenbach Zurich, 1948.

Le Corbusier en France. Réalisations et projets, Gilles Ragot et Mathilde Dion, Éditions Electa Moniteur, 1987.

Le Corbusier. L'architecte et son mythe, Stanislaus von Moos, Éditions Horizons de France, 1970.

Le Corbusier lui-même, Jean Petit, Panoramas Forces vives, Éditions Rousseau, Genève, 1970.

Le Corbusier. Un autre regard, Jean Jenger, Éditions Connivences, 2003.

Paris : la ville et ses projets, Jean-Louis Cohen et Bruno Fortier, Éditions Babylone-Pavillon de l'Arsenal, 1989.

Paris. Architectures visionnaires, architectures de la création, Jean-Pierre Courtiau, Éditions PC, 2010.

Paris. Cent ans de fantasmes architecturaux et de projets fous, Jean-Pierre Courtiau, Éditions First, 1990.

Robert Camelot. Architecte du palais de la céramique et du CNIT, Gilles Ragot, Éditions Mardaga-IFA-Archives, 1988.

L'Urbanisme, utopies et réalités : une anthologie, Françoise Choay, coll. « Points Essais », Éditions du Seuil, 1979.

La Ville et ses territoires, Marcel Roncayolo, Éditions Folio, 1990.

Ouvrages sur Paris

« De la place Louis-XV à la place de la Concorde », musée Carnavalet, catalogue d'exposition, 1982.

Le 16e. Chaillot, Passy, Auteuil, Béatrice de Andia, Délégation à l'action artistique de la Ville de Paris, 1991.

Le Grand Louvre, hors-série *Beaux Arts Magazine*, Éditions Beaux Arts SA, 1997.

Le Grand Paris. Consultation internationale sur l'avenir de la métropole parisienne, Cité de l'architecture et du patrimoine-AMC-Le Moniteur d'architecture, 2009.

Grand Paris. Les scénarios des architectes, La Cité de l'architecture et du patrimoine, Éditions du Moniteur, 2009.

Le Louvre et son quartier, Jacques de Fontgalland et Laurent Guinamard, Délégation à l'action artistique de la Ville de Paris, Éditions Ternes Diffusion, 1984.

Louvre et Tuileries, architectures de papier, Jean-Claude Daufresne, Éditions Mardaga, 1987.

Paris, genèse d'un paysage, Pierre Bergeron (dir.), Éditions Picard, 1989.

Les Traversés de Paris, Pierre Pinon (dir.), Éditions du Moniteur-La Grande Halle-La Villette, 1989.

Le Triomphe des arcs, Christian Dupavillon et Francis Lacloche, coll. « Découvertes », Gallimard, 1989.

Une petite synthèse du Grand Pari(s), Paris Projet, Atelier Parisien d'urbanisme, 2009.

Ouvrages sur La Défense

« Le ministre, l'architecte et le musée de leur siècle », in *André Malraux et l'architecture*, Dominique Amouroux, sous la direction de Dominique Hervier, Éditions Le Moniteur, 2009.

Les Architectes de La Défense, Simon Téxier, Éditions Dominique Carré, 2011.

L'Art contemporain, l'homme, la ville, in *Topos* n° 16, CAUE 92, ouvrage collectif, 1995.

L'Art dans les villes nouvelles, Julie Guyot-Corteville, Valérie Perles, Loïc Vadelorge, Éditions Arthys, 2010.

L'Axe historique, La Défense Seine Arche, Virginie de Galzain et François Kenesi, hors-série, coll. « Découvertes », Gallimard, EPASA, 2010.

Le CNIT ou les Temps Modernes, Pierre Dottelonde (dir.), Le Cherche Midi, 2009.

La Défense, coll. « Cartovilles », Gallimard, 2011.

La Défense, le pouvoir et l'argent, Gérard de Senneville, Albin Michel, 1992.

La Défense. L'esprit et le temps, Pierre Dottelonde (dir.), Le Cherche Midi, 2009.

La Défense. Un musée en plein ciel, Jacques Lanzmann, J.-C. Lattès, 1994.

La Grande Arche de La Défense, Eric Reitzel, Éditions Archibooks, 2011.

La Grande Arche de La Défense, Virginie Picon-Lefebvre et François Chaslin, Éditions Electa Moniteur, 1989.

La Grande Arche, Jean-Pierre Courtiau, Éditions du Demi-Cercle, 1994.

La Défense 2030, entretien avec Philippe Chaix, directeur de l'EPADESA, Michèle Leloup, coll. « L'Esprit du lieu », Éditions Archibooks, 2010.

Paris la Défense Seine Arche, carte blanche à Alex Mac Lean, Alex Mac Lean, Éditions Dominique Carré, 2010.

Paris-La Défense. L'art contemporain et l'axe historique, Magdalena Abakanowicz, Piotr Kowalski, Jean- Pierre Raynaud, Alain Snfist, Éditions EPAD/Skira, 1992.

Paris-Ville moderne. Maine- Montparnasse et la Défense. 1950-1975, Virginie Picon-Lefebvre, Éditions Norma, 2003.

Projet de fin d'études de formation des architectes et urbanistes de l'État. Le patrimoine immatériel et la protection de la Défense, Sibylle Samoyault, 2004.

Territoires en partage. Nanterre, Seine-Arche : en recherche d'identité(s), Marcel Roncayolo, Éditions Parenthèses, 2006.

Tête Défense. Concours international d'architecture, Michel Moritz (dir.), Éditions Electa Moniteur, 1984

La Tour Signal : un nouveau défi pour La Défense, Jean Bosser, Éditions de la Martinière, 2008.

Une promenade à la Défense, Michel Moritz et Guiorgui Pinkhassov, J.-C. Lattès, 1994.

Revues spécialisées et autres sources

L'Architecture d'aujourd'hui, n°s 53 (1954), 61 (1955), 63 (1955), 64 (1956), 83 (1959), 118 (1964), 178 (1975), 249 (1987), 252 (1987), 253 (1988), 259 (1988), 262 (1988), 268 (1988).

Cahiers de l'IAURIF, « Au-delà de la Grande Arche », n° 92, 1990.

Monuments historiques, n°s 172 (1990), 177 (1991).

Seine Arche à Nanterre. Terrasses pour ville majeure, ouvrage collectif, hors-série, *in* Revue *Traits urbains*, Éditions Agence Innovapresse, 2008.

Urbanisme, n°s 1 (1932), 2 (1932), 3 (1932), 13 (1933), 15 (1933), 17-18 (1933), 20 (1933), 35 (1954), 55 (1957), 74 (1962), 81 (1963), 92 (1966), 192 (1982), 157 (1983), 204 (1984), 205 (1985), 233 (1989).

Les magazines *Performances*, *La Lettre de l'EPAD*, *Esplanades*, *Defacto.mag*.

Index

A

B

C

D

E

F

G

H

I

J

K

L

M

N

O

P

Q

R

S

T

U

V

W

Z

Titre	Auteur	Prix	ISBN
La Mythologie	Christopher W. Blackwell, Amy Hackney Blackwell	22,90 €	978-2-7540-0257-8
L'Histoire de France illustrée	Jean-Joseph Julaud	29,90 €	978-2-7540-0110-6
L'Histoire de France	Jean-Joseph Julaud	22,90 €	978-2-8769-1941-9

Religions et spiritualité

Titre	Auteur	Prix	ISBN
Le Coran	Malek Chebel, Sohaib Sultan	22,90 €	978-2-7540-0982-9
La Torah	Arthur Kurzweil, Victor Malka	22,90 €	978-2-7540-0978-2
Le Christianisme	Richard Wagner, Père Denis Metzinger	22,90 €	978-2-7540-0991-1
L'Islam	Malcolm Clark, Malek Chebel	22,90 €	978-2-7540-0531-9
Le Judaïsme	Josy Eisenberg	22,90 €	978-2-7540-0596-8
La Bible illustrée	Éric Denimal	29,90 €	978-2-7540-0274-5
Le Catholicisme	John Trigilio, Père Pierre Lartigue	22,90 €	978-2-7540-0182-3
Le Bouddhisme	Jonathan Landaw, Stephan Bodian	22,90 €	978-2-7540-0062-8
La Bible	Éric Denimal	21,90 €	978-2-8769-1800-9
Zen ! La Méditation, 2e édition	Stephan Bodian	22,90 €	978-2-7540-0322-3
Sagesse et Spiritualité	Sharon Janis	21,90 €	978-2-8769-1769-9

Ésotérisme

Titre	Auteur	Prix	ISBN
Le Tarot divinatoire	Didier Colin	24,90 €	978-2-7540-1826-5
La Franc-Maçonnerie	Christopher Hodapp, Philippe Benhamou	22,90 €	978-2-7540-0150-2

Société

Titre	Auteur	Prix	ISBN
L'ONU	Yves Berthelot, Jean-Michel Jakobowicz	22,90 €	978-2-7540-1411-3
La Mondialisation	Francis Fontaine, Sylvie Goulard, Brune de Bodman	22,90 €	978-2-7540-0778-8
L'Instruction civique	Guillaume Bernard, Frédéric Monera	22,90 €	978-2-7540-0979-9
L'Europe, 2e édition	Sylvie Goulard	22,90 €	978-2-7540-1213-3
L'Écologie	Franck Courchamp	22,90 €	978-2-7540-0554-8

Titre	Auteur	Prix	ISBN
La Géopolitique	Philippe Moreau Defarges	22,90 €	978-2-7540-0623-1
La Justice	Emmanuel Pierrat	22,90 €	978-2-7540-0553-1
La Philosophie, 2e édition	Christian Godin	22,90 €	978-2-7540-0460-2
L'Économie	Michel Musolino	22,90 €	978-2-7540-0351-3
La Politique	Philippe Reinhard	22,90 €	978-2-7540-0335-3
La Géographie française	Jean-Joseph Julaud	22,90 €	978-2-7540-0245-5

Sciences et techniques

Titre	Auteur	Prix	ISBN
L'Histoire de l'aviation	Philippe Benhamou	22,90 €	978-2-7540-1146-4
L'Histoire des sciences	Vincent Jullien	22,90 €	978-2-7540-0977-5
La Physique	Dominique Meier (sous la dir. de)	22,90 €	978-2-7540-0915-7
La Conquête spatiale	Michel Polacco	22,90 €	978-2-7540-1143-3
Les Maths	Jean-Louis Boursin	22,90 €	978-2-7540-0093-2
L'Astronomie	Stephen Maran, Pascal Bordé	21,90 €	978-2-8769-1634-0

Beaux-arts

Titre	Auteur	Prix	ISBN
L'Humour	Gordon Zola	22,90 €	978-2-7540-1956-9
Le Louvre	Daniel Soulié	22,90 €	978-2-7540-1404-5
La Télévision	Marie Lherault, François Tron	22,90 €	978-2-7540-0976-8
Les Séries télé	Marjolaine Boutet	22,90 €	978-2-7540-0912-6
Le Rock	Nicolas Dupuy	22,90 €	978-2-7540-0819-8
L'Histoire de la peinture	Jean-Jacques Breton, Dominique Williatte	22,90 €	978-2-7540-0812-9
La Danse classique	Evelyne Cisneros, Scott Speck, Florence Balique	22,90 €	978-2-7540-1045-0
L'Histoire du cinéma	Vincent Mirabel	22,90 €	978-2-7540-0609-5
Le Jazz	Dirk Sutro, Stéphane Koechlin	22,90 €	978-2-7540-0779-5
L'Histoire de l'art illustrée	Jean-Jacques Breton, Philippe Cachau, Dominique Williatte	29,90 €	978-2-7540-0493-0
L'Histoire de l'art	Jean-Jacques Breton, Philippe Cachau, Dominique Williatte	22,90 €	978-2-7540-0229-5
L'Opéra	David Pogue, Claire Delamarche	22,90 €	978-2-7540-0244-8
La Musique classique	David Pogue, Claire Delamarche	22,90 €	978-2-7540-0151-9

Langue française

Titre	*Auteur*	*Prix*	*ISBN*
La Dictée	Jean-Joseph Julaud	14,90 €	978-2-7540-2415-0
La Poésie française	Jean-Joseph Julaud	22,90 €	978-2-7540-1700-8
La Littérature française	Jean-Joseph Julaud	22,90 €	978-2-7540-0061-1
Le Français correct	Jean-Joseph Julaud	21,90 €	978-2-8769-1640-1

Régions

Titre	*Auteur*	*Prix*	*ISBN*
L'Alsace	Pierre Kretz, Astrid Ruff	22,90 €	978-2-7540-1994-1
La Corse	Thierry Ottaviani	22,90 €	978-2-7540-1546-2

… en Poche

Titre	*Auteur*	*Prix*	*ISBN*
La Musique classique	David Pogue, Claire Delamarche	14,90 €	978-2-7540-2417-4
L'Histoire de la Suisse – tome 1 Des origines à 1815	Georges Andrey	11,90 €	978-2-7540-2262-0
L'Histoire de la Suisse – tome 2 De 1815 à nos jours	Georges Andrey	11,90 €	978-2-7540-2263-7
Zen ! La Méditation	Stephan Bodian	11,90 €	978-2-7540-0000-0
Sagesse et Spiritualité	Sharon Janis	11,90 €	978-2-7540-1758-9
L'Égypte ancienne	Florence Maruéjol	11,90 €	978-2-7540-1739-8
L'Histoire de France – tome 1 Des origines à 1789	Jean-Joseph Julaud	11,90 €	978-2-7540-0180-9
L'Histoire de France – tome 2 De 1789 à nos jours	Jean-Joseph Julaud	11,90 €	978-2-7540-0181-6
Paris Rive droite	Danielle Chadych, Dominique Leborgne	11,90 €	978-2-7540-0694-1
Paris Rive gauche	Danielle Chadych, Dominique Leborgne	11,90 €	978-2-7540-0695-8
La Culture générale – tome 1 Histoire, géographie, art et littérature	Florence Braunstein, Jean-François Pépin	11,90 €	978-2-7540-0798-6
La Culture générale – tome 2 Sciences, sports, loisirs et spiritualité	Florence Braunstein, Jean-François Pépin	11,90 €	978-2-7540-0799-3
La Franc-Maçonnerie	Philippe Benhamou	11,90 €	978-2-7540-0696-5
Le Bouddhisme	Jonathan Landraw, Stephan Bodian	11,90 €	978-2-7540-03148

Titre	*Auteur*	*Prix*	*ISBN*
La Philosophie – tome 1 Antiquité, Moyen Âge et Renaissance	Christian Godin	11,90 €	978-2-7540-0796-2
La Philosophie – tome 2 Du xviie siècle à nos jours	Christian Godin	11,90 €	978-2-7540-0797-9
L'Astrologie	Rae Orion	11,90 €	978-2-8769-1999-0
La Littérature française – tome 1 Du Moyen Âge au xviiie siècle	Jean-Joseph Julaud	11,90 €	978-2-7540-0611-8
La Littérature française – tome 2 Du xviiie siècle à nos jours	Jean-Joseph Julaud	11,90 €	978-2-7540-0612-5
Le Français correct	Jean-Joseph Julaud	11,90 €	978-2-8769-1924-2

Vie pratique

Cuisine

Titre	*Auteur*	*Prix*	*ISBN*
Coffret Cuisine	Collectif	19,90 €	978-2-7540-2055-8
La Cuisine, 2e édition	Bryan Miller, Hélène Darroze	22,90 €	978-2-7540-1989-7
Le Vin, 5e édition	Ed McCarthy, Mary Ewing-Mulligan, Éric Beaumard	22,90 €	978-2-7540-1547-9
Les Cuisines du monde	Philippe Chavanne	22,90 €	978-2-7540-0103-8

Santé

Titre	*Auteur*	*Prix*	*ISBN*
Maigrir avec la méthode Montignac + livret	Michel Montignac	22,90 €	978-2-7540-2435-8
Maigrir avec la méthode Montignac	Michel Montignac	22,90 €	978-2-7540-1586-8
Le Cancer	Pr Jean-François Morere, Dr Thierry Bouillet, Pr Laurent Zelek, Pr Michel Crépin	22,90 €	978-2-7540-2131-9
Contrôler son cholestérol	Carol Ann Rinzler, Pr Éric Bruckert	22,90 €	978-2-7540-1751-0
Le Cerveau	Dr Frédéric Sedel, Pr Olivier Lyon-Caen	22,90 €	978-2-7540-2072-5

Titre	*Auteur*	*Prix*	*ISBN*
L'Homéopathie	Dr Daniel Scimeca	22,90 €	978-2-7540-1761-9
Les Maladies cardiovasculaires	Dr Philippe Abastado	22,90 €	978-2-7540-1591-2
Le Sexe, 2e édition	Dr Ruth K. Westheimer, Dr Marianne Pauti	22,90 €	978-2-7540-1497-7
Le Corps humain	Dr Patrick Gepner	22,90 €	978-2-7540-1121-1
La Maladie d'Alzheimer	Christian Derouesne, Jacques Selmes	22,90 €	978-2-7540-1058-0
Améliorer sa mémoire	John B. Arden	22,90 €	978-2-7540-0323-0
Maigrir	Jane Kirby, Dr Jocelyne Raison	22,90 €	978-2-7540-0005-5
Bien s'alimenter	Carol Ann Rinzler	21,90 €	978-2-8769-1897-9

Bien-être

Titre	*Auteur*	*Prix*	*ISBN*
Coffret Massages	Collectif	24,90 €	978-2-7540-2064-0
Les Huiles essentielles	Elske Miles	22,90 €	978-2-7540-1596-7
Shiatsu et Réflexologie	Synthia Andrews, Bobbi Dempsey, Michel Odoul	22,90 €	978-2-7540-0981-2
Le Tai-Chi	Therèse Iknoian	22,90 €	978-2-7540-0137-3
Les Massages	Steve Capellini, Michel Van Welden	22,90 €	978-2-7540-0060-4
La Méthode Pilates	Ellie Herman	21,90 €	978-2-8769-1767-5
Le Yoga	Georg Feuerstein	21,90 €	978-2-8769-1752-1
Le Feng Shui	David Kennedy	21,90 €	978-2-8769-1687-6

Psychologie

Titre	*Auteur*	*Prix*	*ISBN*
Le Développement personnel	Collectif	29,90 €	978-2-7540-0865-5
L'Interprétation des rêves	Didier Colin	22,90 €	978-2-7540-2318-4
L'EFT (Technique de libération émotionnelle)	Helena Fone, Jean-Michel Gurret	22,90 €	978-2-7540-2067-1
La Pensée positive	Averil Leimon, Gladeana McMahon, Béatrice Millêtre	22,90 €	978-2-7540-1821-0
L'Adolescence	Michel Fize	22,90 €	978-2-7540-1412-0
Exercices de programmation neuro-linguistique	Romilla Ready, Kate Burton, Béatrice Millêtre	19,90 €	978-2-7540-1593-6

Titre	Auteur	Prix	ISBN
Exercices de thérapies comportementales et cognitives	Rhena Branch, Rob Willson, Béatrice Millêtre	19,90 €	978-2-7540-1592-9
Les Relations amoureuses	Florence Escaravage, Kate M. Wachs	22,90 €	978-2-7540-1499-1
Apprendre mieux	Marie Joseph Chalvin	22,90 €	978-2-7540-1261-4
Le Langage des gestes	Joseph Messinger	22,90 €	978-2-7540-0597-5
La Confiance en soi	Kate Burton	22,90 €	978-2-7540-0647-7
Le Coaching	Jeni Mumford	22,90 €	978-2-7540-0353-7
La PNL	Romilla Ready, Kate Burton	22,90 €	978-2-7540-0169-4
L'Hypnothérapie	Mike Bryant, Peter Mabbutt	22,90 €	978-2-7540-0504-3
Les Thérapies comportementales et cognitives	Rob Willson, Rhena Branch	22,90 €	978-2-7540-0246-2
La Psychologie	Dr Adam Cash	21,90 €	978-2-8769-1802-3

Puériculture

Titre	Auteur	Prix	ISBN
Choisir un prénom	Héloïse Martel	22,90 €	978-2-7540-1463-2
La 1re année de Bébé	James Gaylord, Michelle Hagen, Dr Éric Saban	22,90 €	978-2-7540-1511-0
La Grossesse, 2e édition	Dr Eddleman, Dr J. Stone, Dr Joëlle Bensimhon	22,90 €	978-2-7540-1429-8

Droit pratique

Titre	Auteur	Prix	ISBN
Le Droit du travail	Me Julien Boutiron, Jean-Philippe Élie	22,90 €	978-2-7540-1422-9
Organiser son mariage	Peggy Mignot-Paillet, Peggy Frey	22,90 €	978-2-7540-1676-6
L'Assurance	Laurence de Percin	22,90 €	978-2-7540-1073-3
Le Divorce	Me Martine Valot-Forest	22,90 €	978-2-7540-1479-3
L'Immobilier, 2e édition	Laurence Boccara, Catherine Sabbah	22,90 €	978-2-7540-0530-2

Finances personnelles

Titre	Auteur	Prix	ISBN
Payer moins d'impôts, 4e édition	Robert Matthieu	22,90 €	978-2-7540-2397-9
La Bourse	Gérard Horny	22,90 €	978-2-7540-0637-8

Titre	*Auteur*	*Prix*	*ISBN*
Les Finances personnelles	Pascale Micoleau-Marcel (sous la dir. de)	22,90 €	978-2-7540-0630-9

Maison

Titre	*Auteur*	*Prix*	*ISBN*
La Décoration	Kareen Perrin Debock, Frank Lecor	24,90 €	978-2-7540-2264-4
Un potager	Charlie Nardozzi, Philippe Collignon	22,90 €	978-2-7540-1675-9
Le Bricolage, 2e édition	G. et K. Hamilton, Frank Lecor	24,90 €	978-2-7540-1426-7
Vivre écolo	Liz Barclay, Michael Grosvenor, Franck Laval	22,90 €	978-2-7540-0707-8

… En Poche

Titre	*Auteur*	*Prix*	*ISBN*
Le Code de la route, édition 2011	Permisecole	14,90 €	978-2-7540-2387-0
La Table des calories	Jean-Paul Blanc, Catherine Poggi	11,90 €	978-2-7540-2087-9
Améliorer sa mémoire	John B. Arden	11,90 €	978-2-7540-2388-7
La Cuisine pas chère	Héloïse Martel, André Le Letty	11,90 €	978-2-7540-1772-5
L'Armagnac	Chantal Armagnac	11,90 €	978-2-7540-1613-1
Le Diabète	Dr Alan Rubin, Dr Marc Levy	11,90 €	978-2-7540-1436-6
Les Massages	Steve Capellini, Jocelyne Rolland, Michel Van Welden	11,90 €	978-2-7540-1330-7
S'arrêter de fumer	Pr B. Dautzenberg, Dr D. Brizer	11,90 €	978-2-7540-1293-5
Les Tests du Code de la route	DFC Production	14,90 €	978-2-7540-0751-1
Le Vin	Laure Liger, Yvan-Paul Cassetari	11,90 €	978-2-7540-0087-1
La Cuisine	Brian Miller, Alain Le Courtois	11,90 €	978-2-8769-1872-6
Le Sexe	Dr Ruth K. Westheimer	11,90 €	978-2-8769-1956-3
Maigrir	Jane Kirby	11,90 €	978-2-8769-1870-2
Le Feng Shui	David D. Kennedy	11,90 €	978-2-8769-1871-9
Un bureau feng shui	Holly Ziegler, Jennifer Lawler	11,90 €	978-2-8769-1949-5
La Méthode Pilates	Ellie Herman	11,90 €	978-2-7540-0223-3
Le Yoga	Georg Feuerstein, Larry Pane	11,90 €	978-2-7540-0063-5
Guérir l'anxiété	Dr Martine André, Dr Charles Eliott, Dr Laura Smith	11,90 €	978-2-7540-1195-2

Titre	*Auteur*	*Prix*	*ISBN*
Les Thérapies comportementales et cognitives	Rob Willson, Rhena Branch	11,90 €	978-2-7540-1074-0
La PNL	Romilla Ready, Kate Burton	11,90 €	978-2-7540-0879-2
La Psychologie	Dr Adam Cash	11,90 €	978-2-8769-1957-0
Le Bricolage	Gene Hamilton, Katie Hamilton	11,90 €	978-2-7540-0373-5

Business

Titre	*Auteur*	*Prix*	*ISBN*
Communiquer efficacement	Marty Brounstein, Florence Balique	22,90 €	978-2-7540-2229-3
Les Ressources humaines	Sabine Wojtas	22,90 €	978-2-7540-1627-8
Les Marques	Bill Chiaravalle, Barbara Findlay Schenck, Benoît Heilbrunn	22,90 €	978-2-7540-2127-2
Le Marketing opérationnel	Alexander Hiam, Benoît Heilbrunn	22,90 €	978-2-7540-1981-1
Le Service client	Keith Bailey, Karen Leland, Ralph Hababou	22,90 €	978-2-7540-1827-2
Trouver un job	Joyce Lain Kennedy, Nicolas Barrier	22,90 €	978-2-7540-1092-4
Le Marketing, 2e édition	Alexander Hiam	22,90 €	978-2-7540-0688-0
La Comptabilité	Laurence Thibault-Le Gallo	22,90 €	978-2-7540-0617-0
Créer sa boîte	Laurence de Percin	22,90 €	978-2-7540-0492-3
Le Management	Bob Nelson	21,90 €	978-2-8769-1952-5
Business Plans	Paul Tifany, Steven D. Peterson	21,90 €	978-2-8769-1712-5
La Vente	Tom Hopkins	21,90 €	978-2-8769-1670-8

… en Poche

Titre	*Auteur*	*Prix*	*ISBN*
L'Auto-entrepreneur	Grégoire Leclercq, Marie Gouilly-Frossard	11,90 €	978-2-7540-2025-1
Le Marketing	Alexander Hiam	11,90 €	978-2-7540-1598-1
Le Management	Bob Nelson	11,90 €	978-2-7540-0454-1

Titre	*Auteur*	*Prix*	*ISBN*
Business Plans	Paul Tiffany, Steven D. Peterson	11,90 €	978-2-7540-0094-9
La Vente	Tom Hopkins	11,90 €	978-2-8769-1950-1

Loisirs

Sports

Titre	*Auteur*	*Prix*	*ISBN*
Le Tennis	Patrick McEnroe, Peter Bodo, Guy Tambon	22,90 €	978-2-7540-1757-2
Les Arts martiaux	Jennifer Lawler, Nicolas Dupuy, Éric Le Cam	22,90 €	978-2-7540-1052-8
Courir	Tere Stouffer Drenth, Philippe Maquat	22,90 €	978-2-7540-1044-3
Gym et Musculation	Cyndi Targosz, Jean-Pierre Clémenceau	22,90 €	978-2-7540-1059-7
L'Équitation	Audrey Pavia, Marie Martin	22,90 €	978-2-7540-0732-0
Le Golf	Gary McCord	22,90 €	978-2-7540-0078-9
La Voile	J.-J. Isler, Peter Isler	22,90 €	978-2-7540-0059-8

AUBIN IMPRIMEUR

Achevé d'imprimer en mai 2011
N° d'impression L 74513
Dépôt légal, mai 2011
Imprimé en France